新时代
广东创新实践案例

（第二辑）

XINSHIDAI GUANGDONG CHUANGXIN
SHIJIAN ANLI

中共广东省委党校（广东行政学院） 编

SPM
南方传媒　广东人民出版社
·广州·

图书在版编目（CIP）数据

新时代广东创新实践案例. 第二辑 / 中共广东省委党校（广东行政学院）编. —广州：广东人民出版社，2022.4（2023.3 重印）

ISBN 978-7-218-15711-5

Ⅰ. ①新… Ⅱ. ①中… Ⅲ. ①区域经济发展—工作经验—广东 Ⅳ. ①F127.65

中国版本图书馆 CIP 数据核字（2022）第 053325 号

XINSHIDAI GUANGDONG CHUANGXIN SHIJIAN ANLI（DI - ERJI）

新时代广东创新实践案例（第二辑）

中共广东省委党校（广东行政学院）　编　　版权所有　翻印必究

出　版　人： 肖风华

出版统筹： 卢雪华
责任编辑： 曾玉寒　伍茗欣　廖智聪
装帧设计： 河马设计
责任技编： 吴彦斌　周星奎

出版发行 广东人民出版社
地　　址： 广州市越秀区大沙头四马路 10 号（邮政编码：510199）
电　　话：（020）85716809（总编室）
传　　真：（020）83289585
网　　址： http://www.gdpph.com
印　　刷： 广州市豪威彩色印务有限公司
开　　本： 787mm×1092mm　1/16
印　　张： 14.5　**字　数：** 200 千
版　　次： 2022 年 4 月第 1 版
印　　次： 2023 年 3 月第 2 次印刷
定　　价： 58.00 元

如发现印装质量问题，影响阅读，请与出版社（020-85716849）**联系调换。**
售书热线：020-85716833

编委会

主　任：张广宁

副主任：尹德慈

成　员：潘向阳　钟汉谋

　　　　林盛根　刘　朋

序

党的十八大以来，习近平总书记对广东工作作出一系列重要指示批示，赋予广东新的历史使命、历史机遇。省委深入学习贯彻习近平新时代中国特色社会主义思想，运用蕴含其中的科学思想方法和工作方法，坚持"大学习、深调研、真落实"工作机制，沿着总书记指引的方向谋划和推动改革发展各项工作，作出"1+1+9"工作部署并不断优化完善，形成广东推进现代化建设的具体行动方案和施工图。全省各地各部门按照"1+1+9"工作部署，找准工作着力点和突破口，埋头苦干、攻坚克难，狠抓落实、一抓到底，工作成效逐步显现。

为充分展现习近平新时代中国特色社会主义思想在南粤大地的生动实践，中共广东省委党校（广东行政学院）聚焦"1+1+9"工作部署，坚持"一盘棋"思想，加强横向、纵向沟通，与省直相关部门、各地级以上市委党校（行政学院）携手，组织优秀师资、精心筛选选题、广泛征集案例，联合进行开发。坚持优中选优、宁缺毋滥，集各方之力、汇大家之智、聚众人之才，经过扎实调研、反复修改、细致打磨，形成了《新时代广东创新实践案例（第二辑）》。这些案例聚焦基层一线、聚焦鲜活经验，既突出典型性，又突出现实性，既强调学理支撑，又强调借鉴运用，是习近平新时代中国特色社会主义思想真理力量、实践力量的生动体现，是引导党员干部打牢政治根基、强化责任担当、锤炼能力素质的有益教材。

实践发展永无止境，案例编写、教学必须及时跟进。今后，我们要心怀"国之大者"，持续聚焦党委、政府中心工作，进一步挖掘热点、难点、焦点问题，坚持滚动开发，加大案例编写力度，不断提升案例的生动性、鲜活性和针对性。要学好用好这些案例，进一步增强教学的吸引力和感染力，不断提高党员干部政治素质和专业水平。

［作者系中共广东省委党校（广东行政学院）常务副校（院）长］

基层党代表走进市委常委会[*]

——汕尾市积极探索党代表作用发挥新途径

【摘要】 实行党代表常任制，认真落实党代表参与党内事务、提出意见建议、参与党内监督等方面的权利与职责，充分发挥党代表桥梁纽带、民主监督、示范引领等方面的作用，有利于调动党代表的积极性和主动性，增强党组织的向心力、凝聚力、感召力；有利于扩大党内民主，提高党委决策的民主化、科学化水平，促进决策的贯彻落实，推动全过程人民民主建设；有利于建立并实行有效的监督制约机制，推进党委（党组）领导班子的自身建设。《中国共产党全国代表大会和地方各级代表大会代表任期制暂行条例》和中共广东省委制定的《中国共产党广东省各级代表大会代表任期制实施办法》及《关于充分发挥中国共产党广东省各级代表大会代表作用的意见》等文件明确规定，党代表可以通过应邀列席同级党的委员会全体会议等会议并发表意见等方式发挥其作用。近年来，汕尾市积极探索党代表发挥作用的新途径，开创了"基层党代表走进市委常委会"这种党代表履职的新

---

* 本案例由中共广东省委党校（广东行政学院）党的建设教研部主任梁道刚教授、中共党史教研部李金哲副教授，中共汕尾市委党校郑向东副教授、李永东副教授撰写。中共汕尾市委组织部提供了调研资料和调研安排。

模式。

汕尾以基层党代表走进市委常委会制度为突破口，将目标引领和问题导向、听取汇报和全面点评、全方位调研和整改落实、党建实效与高质量发展四个方面紧密结合，通过建立健全"合"字型党建互动机制，以坚持和加强党的全面领导为核心，以发挥基层党代表作用为关键，以落实党委（党组）主体责任为重点，进一步拓宽基层党代表履职渠道，进一步推动党建工作落地见效，进一步推进经济社会高质量发展。

【关键词】基层党代表　"合"字型党建互动机制　市委常委会　党代表作用

习近平总书记一再强调："办好中国的事情，关键在党。"党的十九大报告提出了新时代党的建设总要求，明确在统揽伟大斗争、伟大工程、伟大事业、伟大梦想中，起决定性作用的是新时代党的建设新的伟大工程。2018年12月25日至26日，习近平总书记在中共中央政治局召开的民主生活会上指出，党的十八大以来，党中央各项决策都严格执行民主集中制，都注重充分发扬党内民主，都是经过深入调查研究、广泛听取各方面意见、进行反复讨论而形成的。中共汕尾市委切实扛起加强和改进党的建设的重大政治责任，把贯彻落实习近平新时代中国特色社会主义思想作为推进党的建设的首要政治任务，立足本地实际，找准工作着力点，紧紧聚焦"四个始终坚持"抓好党的建设，积极拓展基层党代表发挥作用的有效途径，确保党内民主落到实处，确保党中央决策部署得到不折不扣落实，确保汕尾党建工作始终沿着正确方向前进，不断取得新的成效。

一、背景情况

1988 年，经国务院批准，在原海丰、陆丰两县行政区域上设立汕尾市（地级）。至 2020 年底，汕尾市辖城区、陆丰市、海丰县、陆河县四个县（市、区），以及红海湾经济开发区、华侨管理区和汕尾新区三个功能区，土地面积 4865 平方公里，全市常住人口 267 万人，户籍人口约 355 万人，旅居港澳台同胞及海外侨胞 140 多万人，是广东著名侨乡之一。2011 年，经省委、省政府同意，在海丰县鹅埠、小漠、鲘门、赤石四镇区域设立深汕特别合作区。2017 年由深圳市全面负责建设管理。

汕尾是海陆丰饶的山海湖城。汕尾背倚莲花山脉，面向南海，拥有 455 公里海岸线、881 个海岛，海岸线长度位居全省第二，海岛数量位居全省第一，是南海优良渔场、广东海洋大市，拥有面积约 22 平方公里的滨海潟湖——品清湖。"红色经典、蓝色滨海、绿色生态、古色名胜、特色旅游"五色景观齐集，环境空气质量综合指数连续 6 年位居全省第一，生态环境状况指数（EI）达到"优"级别，是粤东旅游黄金海岸、中国现代旅游新地标。

汕尾是历史悠久的红色圣地。在中国共产党的领导下，以彭湃为代表的海陆丰革命先辈，开展了轰轰烈烈的革命斗争，在农村武装斗争、红色政权建设和土地革命等方面进行了伟大探索和实践。海陆丰革命老区是党领导的最早的大规模农民运动重要发源地，中国第一个苏维埃政权诞生地，中国土地革命的先行地，党在土地革命战争时期创建的重要根据地，周恩来、叶挺、刘伯承、何香凝等一批革命先辈和仁人志士在此留下革命足迹。全市有海丰红宫红场、周恩来渡海处纪念碑、红二师碣石作战指挥部旧址等红色革命遗址 517 处。

汕尾是欣欣向荣的活力湾区。汕尾毗邻珠三角、紧接粤港澳大湾区，是广东沿海经济带东翼的战略支点，拥有优越的区位优势和发展机遇。2021年出台的《国务院关于新时代支持革命老区振兴发展的意见》明确提出"支持海陆丰革命老区深度参与粤港澳大湾区建设"。汕尾围绕建设成为沿海经济带靓丽明珠的目标定位，大力实施东承西接战略，向西全面接轨深圳、融入"双区"，向东全面对接汕头、携手汕潮揭，以奋战基层基础建设年、"项目双进"会战年、营商环境优化年三大行动来破题突围、奋进崛起。发展基础不断夯实、发展环境日益改善、发展动力持续增强，成为海内外客商青睐的投资创业热土。

党的十九大以来，随着新时代画卷的不断展开，汕尾整体发展态势持续向好，取得了诸多成就，但也面临着诸如部分机关单位党的领导弱化等问题。2018年，为落实广东省委巡视组巡视反馈意见整改工作，全面加强机关党建，汕尾市首次尝试探索实行市委常委会会议听取市直机关党组（党委）抓党建工作汇报的做法。2019年，为进一步深化问题整改效果，压实工作责任，提高党建工作质量，汕尾市聚焦重点、瞄准问题。2020年开始，汕尾面对复杂严峻的国内外环境、特别是新冠肺炎疫情的严重冲击，深入学习贯彻习近平新时代中国特色社会主义思想和党的十九大、十九届历次全会精神，以习近平总书记视察广东重要讲话和重要指示批示精神为根本遵循，按照中共汕尾市委七届十次全会和《汕尾市2020年"奋战三大行动、奋进靓丽明珠"工作实施方案》要求，坚持和加强党的全面领导，以党的建设统领一切工作。汕尾在广东省委、省政府的领导下，坚持稳中求进工作总基调，统筹疫情防控和经济社会发展工作，全力做好"六稳""六保"各项工作，以基层基础建设为主线，以海陆丰革命精神引领党员党性回归、永葆政治底色，着力发挥党组织的战斗堡垒作用、党员的先锋模范作用，把基层党建和基层治理的基础打得再牢靠一些、短板补得再扎实一些，通过"基层党代表走进市委常委会"这种党代表履职的新模式，将基层党组织建设落到实处，不断推进汕尾市各项重点工作，努力实现以高质量党建引领高质量发展。

二、主要做法

自 2020 年 7 月起，汕尾市以坚持和加强党的全面领导为核心，以发挥党代表作用为关键，以落实全面从严治党主体责任为重点，依托"基层党代表走进市委常委会"这种党代表履职新模式，组织党代表列席会议点评，找准工作"小切口"、做好党建"大文章"，拓展基层党代表履职渠道，促进党代表履职由"虚"变"实"，推动党代表在党代会闭会期间履职尽责走向常态化、制度化，构建了"合"字型党建互动机制。

（一）完善"以人促事"机制，推动力量聚合，合心谋党建

"为政之要，莫先于用人"。不管做任何事情，人的因素都是最关键、最主要的。汕尾市通过构建党代表"调研反馈—参会建言—督促整改"的"履职工作链"，以小切口串联"市委书记—市委常委—党组书记—党组成员—党代表"的"党建责任链"，紧紧抓住落实党建工作责任制的主体，始终把党的建设牢牢扛在肩上、抓在手上。

第一，市委书记亲自点题。党建怎么抓？抓党建最关键、最重要的是两个人：一个是书记，另一个是组织部部长。在汕尾，市委书记以上率下，主动带头抓党建，推动制度创新。在市委常委会会议听取市直单位党建工作汇报的基础上，邀请市直机关、基层一线等党代表直接列席参加，把市委常委会会议搭建成党代表履职新平台，对市直机关单位党组（党委）抓党建工作情况发表意见和建议，推动党组（党委）真正明确定位、履职尽责。

第二，市委常委会听取汇报。汕尾市委常委、市委党的建设工作领导小组成员会前审核汇报材料，提出修改意见，做到对情况"心中有数"；会上当好"评审员"，听取市直机关单位党建"考卷"完成情况，并结合分管工作及单位实际提出问题建议，做到让单位"心服口服"。市委党的建设工作领导小组办公室负责承办具体工作事项，做好确定汇报单位、审核把关材料、协调对接联系等工作。

第三，党代表全程参与。按照"突出重点、兼顾全面"的原则，汕尾市委根据汇报工作的安排作出邀请党代表列席计划，以市＋县（市、区）"1＋6"形式，侧重基层一线，从市、县、镇三级党代表数据库中选择4～7名与汇报单位、汇报议题紧密相关的行业领域党代表，或者直接从事相关工作的党代表作为列席对象，与会党代表提前到有关部门和相关工作领域进行走访调研、熟悉情况。截至2022年1月，汕尾市已组织92名基层党代表开展调研、列席市委常委会会议22场次，提出意见建议295条。

第四，党组书记汇报和党组成员列席。汕尾市委要求汇报单位全体党组成员列席参加，面对面接受点评、零距离直面问题，推动"一岗双责"落到实处，有效解决一些地方和部门对党建责任"纸上写写、嘴上讲讲、墙上挂挂"的"挂空挡"问题，坚决克服党的建设和业务工作"两张皮"现象，形成主要领导负总责、分管领导直接抓、党务工作者专项负责的责任机制。

（二）构建"三个一"格局，推动流程整合，合纵促党建

在探索和实践中，汕尾市逐步构建了"一体谋划、一体联动、一体贯通"代表发挥作用的工作格局：

第一，一体谋划。汕尾市委党的建设工作领导小组办公室负责制定年度工作方案以及调研方案，统筹安排、一体谋划全年听取汇报计划。按照上一年度未汇报的单位优先，巡视巡察、选人用人专项检查、工作考核等反馈问题较为严重的单位优先，群众反映强烈或领导重点关注的单位优先的"三个优先"原则，采取定汇报单位、定汇报内容、定调研方式的"三定形式"，每月选择 2 个市直机关单位党组（党委）作为汇报单位，排好时间表、列出计划图。

第二，一体联动。调研前，县（区）级组织部门围绕调研方式、调研内容、调研纪律等，组织党代表开展相关培训，使党代表提前了解调研单位的基本情况，熟悉调研的基本方式方法，带着问题、带着任务先行深入群众一线收集社情民意。市级组织部门同步组织开展集中培训，推动党代表深化身份认同，深刻认识到党代表身份既是荣誉、更是责任，为党代表深入开展调研、发现问题、提出建议打牢思想基础。

第三，一体贯通。来自基层一线的党代表列席市委常委会会议，聚焦中心工作和热点内容，结合调研情况，与党委、政府及职能部门零距离对话，针对议题内容提出意见建议，传递社情民意。会后，党代表回到工作岗位、回到基层组织，将会议精神及时、准确地传达到基层"最末梢"、党员"微细胞"中去，把党的方针政策、市委的工作部署带到群众中去，全力构建一条以"市委常委会—党代表"为主线的"双向联系反馈链"。

（三）打造"口型闭环"模式，推动点线面结合，合力抓党建

党代表走进市委常委会会议，具体流程由"会前调研—会上汇报—会后整改—督查评估"四个环节组成。

第一，会前调研。会议召开之前，代表们围绕党的建设、重点工作、民生实事等内容，深入职能部门进行专题调研，通过听汇报、看现场、查资料等方式，做足"功课"，真正做到"有备而来"。一是先行走访调研。党代表围绕汇报单位的职能职责、工作性质、工作成效等内容，深入党员群体，走进群众调查了解实情，掌握"第一手资料"。二是集中开展调研。坚持"一月一调研、一月一主题"，由市委组织部牵头，党代表调研组深入汇报单位开展专题调研，通过调查走访、听取汇报、召开座谈会、个别访谈、现场观摩、调阅有关资料等方式，深入了解汇报单位全面加强党的领导和党的建设工作情况，贯彻落实党中央、省委、市委决策部署情况，以及推进中心工作和解决党员群众反映比较强烈的问题等落实情况。三是反馈调研建议。调研结束后，党代表调研组根据前期掌握的情况，认真分析、集体讨论，聚焦重点突出问题，对调研情况进行认真梳理，提出具备针对性、实用性、可操作性的意见建议，并推荐1名党代表在市委常委会会议上进行发言。

第二，会上汇报。听取汇报主要包括市直机关党组（党委）书记作党建汇报、党代表发表意见、市委常委逐一点评、市委书记总结四部分内容，将坚持问题导向这条主线贯穿始终。一是单位围绕问题汇报。市直机关单位党组（党委）书记围绕党的政治建设、基层党组织建设、党风廉政建设、意识形态、党员日常教育管理以及单位抓党建促业务发展等工作落实情况逐一作汇报。在常委会上的汇报要求开门见山、直奔主题，少讲成绩、多讲问题，不说空话套话、只讲务实措施。二是党代表发表意见。党代表将调研相关情况进行简要说明，重点对如何解决调研中发现的问题提出对策建议。三是市委常委围绕问题点评。会议采取边听、边看、点评的方式进行，参会的市委常委对汇报单位进行点评，结合分管领域、自身职责以及平时掌握的情况，重在提问题、提措施、提要求，不讲成绩、直奔问题，既把党建问题谈深、谈细、谈透，也为单位"问诊把脉开药方"，推动党组书记形成"等不起、坐不住"的危机感，"越坐越脸红、越想越出汗"的压力感，倒逼党组书记履行好第一责任人职责。四是市委书记围绕问题进行总结发言。市委书记结合党代表意见建议和市委常委点评意见，作总结讲话，针对存在问题对症施策，使党组书记明确"党建谁来干、怎么干党建、党建干什么"。市委书记在每次的总结讲话当中，有"四个强化"必须强调，即强化党的领导、强化理论武装、强化问题整改、强化党建引领，推动汇报单位认真贯彻落实《中国共产党党组工作条例》等党内法规，抓好党的建设引领业务工作，解决机关党建"两张皮"问题，每次必强调的是党组要研究推动各项工作，真正落实把方向、管大局、保落实的职责。

第三，会后整改。一是梳理汇总交办清单。会后，市委党的建设工作领导小组办公室梳理市委书记、市委常委、市委党的建设工作领导小组成员及党代表对汇报单位的点评意见，结合巡视巡察发现问题、日常监督考核检查发现问题、主题教育（党史教育）自查自改问题、民主生活会查摆问题等，突出问题导向，找准痛点、抓住关键，形成个性、精准、具体的问题清单。二是征求意见建议。问题清单制定完成后，征求市委党的建设工作领导小组成员意见建议，全方位了解市直机关单位党组（党委）各方面表现情况以及存在哪些方面的不足，进一步核实核准问题事项。三是下发交办清单。问题清单经审核确定后反馈至汇报单位，责成汇报单位对照问题清单以及巡视巡察反馈、日常监督考核检查发现、组织生活会和民主生活会查摆等问题，在深入分析原因、查找症结的基础上，全面落实整改责任和整改措施，逐条逐项进行整改。截至 2022 年 2 月，汕尾市已下发交办清单 41 份，交办事项 182 件。

第四，督查评估。由有关部门认真研究落实党代表提出的意见建议，加强督查督办，确保落实见效。市直机关单位整改落实情况由市直机关工委负责督促落实，每 3 个月形成一次阶段性整改报告和整改落实清单，做到部署安排、问题查摆、整改落实、总结评估有序衔接。每一份整改落实报告和清单经市委党的建设工作领导小组办公室审核把关，并征求小组成员单位的意见后，在市委常委会上印发，之后适时对整改工作及清单落实情况开展抽核、督查。

"会前调研—会上汇报—会后整改—督查评估"，这四个环节就像"口"字形的四个笔画，每一画代表不同的环节，层层推进，环环相扣，不断完善，逐渐形成长效机制，做到程序一个不减、环节一个不漏、整改一个不缺，规范操作，不走过场，为充分发挥基层党代表作用提供坚强的制度保障。

三、主要成效

汕尾通过力量聚合、流程整合、点面结合，不断完善"合"字型党建工作互动机制，形成了干事创业的强大合力，以高质量党建促进高发展的成效逐渐显现。在高质量党建引领下，汕尾的经济发展势头更加强劲，扭转在全省"拖后腿"的被动局面。2020 年汕尾市 GDP（国内生产总值）跨越千亿元台阶，2021 年 GDP 增速 12.7%，增速排名全省第一，两年平均增速 8.6%。汕尾的平安稳定基础更加牢固，坚持和发展新时代"枫桥经验"，创新"五治一体"基层治理新模式（共治、法治、德治、自治、善治），打造"田"字型基层党建引领基层治理新格局（坚持各项工作从最小的单元开始抓，全面筑牢镇、村、组三级战斗堡垒，以"大数据＋网格化＋群众路线"运作机制联结，通过画好"三横三竖"，构建"田"字型基层党建引领基层治理的新格局），打赢平安建设翻身仗，打好市域治理主动仗。汕尾的营商环境更加优化，聚焦"四个一流"打好优化营商环境"组合拳"，着力营造市场化、法治化、国际化的最优营商环境。城市竞争力和吸引力明显增强，乡贤不愿回、企业不愿来的被动局面得到根本转变，首届汕尾发展大会、中国（汕尾）海上风电产业大会、民宿文宿招商推介会共签约项目 117 个、总投资额超 2466 亿元。汕尾的城乡面貌更加靓丽，顺利完成脱贫攻坚任务，与全国、全省同步全面建成小康社会，目前正聚焦"八个美丽"高标准推进乡村振兴示范带建设，推动美丽乡村从"建设"向"经营"转变，促进汕尾乡村实现由内而外的真正美丽。此外，汕尾还成功举办全省抓党建促乡村振兴现场会，在乡村振兴战略实绩考核中连续三年获得粤东片区第一名，成功创建国家卫生城市、广东省文明城市。

（一）有力推动了习近平新时代中国特色社会主义思想在汕尾落地生根，充分发挥海陆丰革命老区"生力军"作用

伟大工程推动伟大事业。经济社会各项事业发展需要党建引领和推动。每一期听取汇报，汕尾市必谈学习贯彻习近平新时代中国特色社会主义思想，每一次市委书记点评总结必讲以高质量党建引领高质量发展，坚持不懈推动习近平新时代中国特色社会主义思想在汕尾大地落地生根，实现把学习成效转化为干事创业的强大动能和推动老区全面振兴发展各项工作的实际行动，引领带动全市各级党组织和广大党员坚决践行新时代党的组织路线，按照省委的工作部署，站高一级想问题，下沉一线抓落实，始终围绕中心服务大局，砥砺奋进不忘初心、只争朝夕不负使命，努力推动党的建设和组织工作各项事业高质量发展，抓好党建促发展的成效逐渐显现。

（二）有力推动了党的全面领导落到实处，充分发挥党委总揽全局、协调各方"主心骨"作用

汕尾把建立健全"合"字型党建工作互动机制作为市委充分发挥总揽全局、协调各方领导作用，以及党组（党委）发挥好把方向、管大局、保落实重要作用的重要实现路径，推动政治领导、思想领导和组织领导相统一，推动各级党组（党委）加强对党建工作的全局谋划和通盘考虑，构建起一方指挥、各方负责、分类实施的推进机制。市委常委会听取市直单位党组（党委）党建工作汇报，不仅有汇报，更重要的还有施策，体现了市委集中主要精力抓住事关汕尾全局性、战略性、前瞻性的重大问题，在把方向、管大局、作决策、保落实上下功夫的决心。通过这个机制，进一步加强了党的全面领导，强化了党的建设，推动了全面从严治党，有助于更好地发挥市委总揽全局、协调各方的领导作用。

（三）有力推动了党的建设新的伟大工程，充分发挥党建"火车头"作用

"合"字型党建互动机制有利于市委牢牢把党的建设抓在手上，把握好党的建设总体要求和实践指向，切实解决机关党建、选人用人、意识形态以及巡视巡察等方面发现的问题，以问题为导向推动新时代党的建设各项工作落地落实。汕尾市委坚持以法规治党推进全面从严治党，抓好中央、省委出台的相关党内制度法规的贯彻落实和配套文件出台，研究制定和修订市委相关文件办法等，深入推进党的建设制度改革，把制度建设贯彻党的建设全过程，切实拧紧管党治党的螺丝。

（四）有力推动了各级党委（党组）落实全面从严治党主体责任，充分发挥"领头雁"作用

习近平总书记指出："不明确责任，不落实责任，不追究责任，从严治党是做不到的。"全面从严治党不是一时一事的要求，关键在于"全"与"常"，必须贯穿于党的建设全过程，全覆盖、常态化、无遗漏抓好。对各级党委（党组）而言，贯彻落实全面从严治党主体责任，主要包括各级党组织、各级党组织书记和领导班子成员的政治责任、共同责任和具体责任等内容。汕尾市委在开展市委常委会听取党建工作汇报，组织基层党代表列席会议的基础上，推行亮牌考核方法，着力构建平时考核、年度考核、专项考核、综合考核的"四位一体"考核体系，自上而下层层压实管党治党政治责任，推动市、县、镇、村四级党组织齐抓党建，行动合拍。这些做法，使得抓好党建作为最大政绩的理念在全市得以树立，科学定责、具体明责、严格考责、压力传导的党建工作落实链条得以完善，党委一体抓党建，书记带头抓党建，各有关部门齐抓共管、一级抓一级、层层抓落实的工作格局得以基本形成，确保了全面从严治党、管党治党各项工作的落地落实。

（五）有力推动了党内民主机制的完善，充分发挥党代表的"先锋队"作用

党代表履职尽责、践行使命需要制度和机制做保障。"合"字型党建互动机制是汕尾市积极探索党代表发挥作用的新途径，一定程度上打破了党代表对市委常委会会议的"神秘感"，切实改变了过去不少党代表"五年开一次会、投一次票、发一次言"的情况。列席党代表参加一次听取汇报工作，就是实质意义上的参政议政，就是一次履职，其推动了党代表履职由"虚"向"实"转变，充分激发了党代表参与党内事务的积极性、主动性和创造性，开拓了党内民主新途径。

四、经验启示

汕尾市通过建立健全"合"字型党建工作互动机制，充分发挥基层党代表的作用，进一步落实了各级党委（党组）的党建工作责任制，提升了市委常委会决策的科学化、民主化水平，推进了党的全面领导在具体工作的各个领域、各个方面和各个环节的落实，推动了全面从严治党向纵深发展，为高质量党建引领高质量发展提供了有益借鉴。

（一）必须以坚持和加强党的全面领导为核心，进一步拓宽党代表发挥作用的渠道

党的十八大以来，习近平总书记强调，中国特色社会主义最本质的特征是中国共产党的领导，中国特色社会主义制度的最大优势是中国共产党的领导。党政军民学，东西南北中，党是领导一切的。坚持和加强党的全面领导，必须加强党的自身建设，不断提高党的建设质量。汕尾案例启示我们，党代表走进市委常委会，进一步拓宽了党代表发挥作用的渠道，有利于提高机关党建工作质量，有利于增强党的政治领导力、思想引领力、群众组织力、社会号召力，有利于坚持和加强党的全面领导。

（二）必须构建党代表发挥作用的长效机制，实现党代表发挥作用的制度化和常态化

基层党代表不仅仅是一种"光环"和"荣誉"，更是一种责任，"常怀忧党之心，恪尽兴党之责"是每一位党代表的历史使命。党代表履职尽责、践行使命需要制度和机制做保障。汕尾案

例启示我们，搭建平台、创新载体，让党代表走进市委常委会，建立和完善党代表履职尽责、践行使命的长效机制，是实现党代表发挥作用制度化和常态化的必要条件。只有建立长效机制，才能持续地、充分地发挥基层党代表的"上承党组织，下接党员群众"的桥梁纽带作用、建言献策作用和服务群众作用，才能不断密切党群干群关系，增强党组织的创造力、凝聚力和战斗力。

（三）必须坚持系统观念，健全党代表发挥作用的相关配套机制和制度环境

基层党代表作用的发挥是一个系统工程，需要有相应的配套机制和制度环境做支撑。基层党代表发挥作用的程度与相应配套机制和制度环境的健全性和完善性呈正相关。汕尾案例启示我们，基层党代表走进常委会制度，是与市直机关落实管党治党主体责任制度、基层党代表到市直机关进行党建工作调研制度、市直机关党组书记向市委常委会汇报党建工作制度、市委常委会听取市直机关党建工作汇报及市直机关党建工作进行点评研究和部署制度等结合在一起发挥作用的，这一系列制度，构成了基层党代表能发挥作用的系统工程。因此，必须坚持系统观念，构建健全的、完善的、基层党代表能发挥作用的配套机制和制度环境，为基层党代表发挥作用提供充分条件和制度环境支撑，使市委常委、市直机关党委（党组）和党代表三者的作用形成合力。

（四）必须激活基层党代表的身份意识，激发党代表履职尽责的内生动力

基层党代表自我身份意识和身份认同，是其发挥作用的内生动力来源。基层党代表自我身份意识和身份认同越强烈，其发挥作用的内生动力越强大。创新基层党代表发挥作用的方式，拓宽基层党代表发挥作用的渠道，有助于强化基层党代表的身份意识和身份认同。汕尾案例启示我们，让基层党代表走进市直机关调研党建工作，让基层党代表走进市委常委会点评市直机关党建工作并提出对策建议，极大强化了基层党代表的身份意识和身份认同，极大增强了基层党代表的荣誉感和责任感，极大激发了基层党代表发挥作用的内生动力。内生动力是支撑党代表发挥作用的最持久、最深层的动力。

【思考题】

1. 新时代基层党代表应如何进行功能定位？

2. 新时代如何更有效地发挥基层党代表的作用？

3. 您如何评价基层党代表走进市委常委会所发挥的作用？

把自贸试验区建成改革开放新高地[*]

——南沙自贸区制度集成创新实践探索

【摘要】南沙自贸区被定位为连接珠三角和港澳乃至全球的区位枢纽，在发展过程中暴露出商事登记流程繁琐、执法效能不高、粤港澳体制规则融合不深等难点、堵点、痛点问题，未能充分发挥区位枢纽的引领作用。南沙自贸区以系统化思维谋划顶层设计，以协同理念构建联动机制，探索通过制度集成创新进一步深化改革开放。在营商环境方面，以企业生命全周期为基础推进商事登记制度的集成创新。在综合执法方面，通过优化顶层设计推进综合执法体制的集成创新，打造"一支队伍管执法"南沙模式。在港澳合作方面，围绕港澳规则对接这一重点，建立人才等要素流动的全方位、全链条的平台和体系，推动粤港澳合作交流模式的集成创新。在各种制度集成创新措施下，南沙自贸区办事效率持续提升，市场活力不断提高，优质资源加速聚集，使改革开放得到持续深化。

南沙自贸区牢牢抓住制度集成创新的融合性、系统性特点，

---

* 本案例由中共广东省委党校（广东行政学院）经济学教研部李良艳副教授、欧阳梦倩副教授，中共广州市委党校经济学部李世兰副教授、管理学部万玲教授撰写。

以改善市场主体感受为导向，着眼全局利用系统思维做好统筹规划和顶层设计，推动政府职能合理规范转变，结合实际提高区域间体制机制的连通性，促使各项制度创新措施从"物理整合"向"化学融合"转化，形成广泛参与、功能相互补充的制度体系。

【关键词】制度集成　营商环境　政府治理　粤港澳融合

习近平总书记强调，要把制度集成创新摆在突出位置，解放思想、大胆创新，成熟一项推出一项，行稳致远，久久为功。广东省坚持以习近平新时代中国特色社会主义思想为指引，深入学习贯彻习近平总书记关于自贸区建设的重要指示精神，充分发挥南沙自贸区深化改革和扩大开放的"试验田"作用，以制度创新为核心，大胆闯、大胆试、自主改，率先探索形成新发展格局，努力将南沙自贸区建成改革开放新高地。南沙自贸区经过不懈实践探索，形成了一批可复制可推广的制度集成创新成果，为国家深化改革开放提供了"南沙样本"。

一、背景情况

广州南沙拥有悠久的对外开放史，南沙自贸区是新时代党中央在广东省设立的 3 个自贸区片区之一，3 个自贸区定位不同，引致各自制度创新存在差异。其中，横琴自贸区在区位上紧邻澳门，承担着为澳门经济"适度多元化"提供协作及促进粤澳合作的职能，制度创新重点倾向于与澳门的对接及融合来构建自由贸易区；前海自贸区依托深圳有利的金融环境以及紧邻香港这一全球性国际金融中心的优势区位，在制度创新中重点突出了金融创新，提出以"中国的曼哈顿"为目标对前海自贸区进行着力打造。同横琴、前海自贸区的定位不同，南沙自贸区是 3 个自贸区中面积最大的一个，并且在连接珠三角和港澳乃至在全球上承担的区位枢纽功能要显著优于横琴和珠海，定位重点是综合多元性及辐射性强的枢纽功能，这就要求系统化地推进南沙制度创新，以满足综合性的发展需求。

（一）基本情况

南沙区始终坚持以习近平新时代中国特色社会主义思想为指引，深入学习贯彻习近平总书记关于自贸区建设的重要批示指示精神，全面落实国务院先后批准实施的广东自贸试验区总体方案、深改方案，以制度创新为核心，大胆试、大胆闯、自主改，制度创新"先行先试"试验田的作用得到初步显现，尤其是 2019 年，南沙为促进制度创新工作规范有序健康发展，印发国内首个自贸区制度创新地方规范性文件——《广州南沙开发区（自贸区南沙片区）制度创新促进试行办法》，制度创新逐步走上制度化轨道，系统性、集成性创新不断涌现，为加快建设粤港澳全面合作示范区和新时代改革开放新高地，为国家推进更深层次改革、更高水平开放探索了新路径，积累了新经验。

南沙自贸区自 2015 年挂牌以来，经过多年发展，在投资便利化、贸易便利化、"放管服"改革、金融开放创新、深化粤港澳合作、法治环境建设、科技和创新型产业体系建设、防疫创新八大领域全面发力，至 2020 年累计形成 658 项制度创新成果，多项成果走在全国、广东省前列。在这些制度创新成果中，负面清单以外领域外商投资企业设立及变更审批改革、国际海关经认证的经营者（AEO）互认制度等 42 项创新经验在全国复制推广，电子营业执照和全程电子化登记管理、跨境电商商品溯源平台等112 项分四批在广东省复制推广，196 项在广州市推广实施，"跨境电商监管新模式""企业专属网页政务服务模式""智能化地方金融风险监测防控平台"3 项创新经验入选商务部最佳实践案例，南沙商事登记确认制、财政管理等 2 项工作获国务院督查激励通报。这一连串制度创新的累累硕果，是南沙砥砺前行的最好诠释。

南沙制度集成创新过程中，从单个制度集聚转向制度集成创新，形成了一批可复制可推广的制度集成创新成果。其中，南沙自贸区在营商环境、综合执法和港澳合作方面的制度集成创新成果突出，为全国自贸区建设打下了扎实的基础，为国家深化改革开放提供制度集成创新的"南沙样本"。

（二）面临的问题

在营商环境方面，南沙自贸区早期在商事登记上实行行政许可制，但是这种制度存在审批时间长和审批标准不够统一的问题，阻碍了南沙自贸区营商环境的进一步改善。在商事登记行政许可制度下，投资者申请开办企业不仅要具备法律规定的法人条件，而且应取得经营项目的相关许可证或审批证件，只有同时满足这两个条件，登记机关才能核发营业执照，给广大市场主体带来不便。一方面，行政审批登记事项数量较多，且审批程序繁琐，耗时较长，费用较高，给企业主体进入市场设置了层层门槛；另一方面，各类行政许可审批项目涉及的规章和实施机构较多，难以形成统一的评判标准，存在体制机制性壁垒。

在综合执法方面，南沙自贸区综合执法过去存在"多头执法""重复执法"等问题，导致市场主体疲于应付，执法效能较低。例如，在集贸市场的管理上存在多头执法的问题，工商管理部门负责市场秩序和保护消费者权益，质量技术监督部门负责监管产品质量和计量器具，物价部门负责查处以缺斤短两等手段实施的价格违法行为。面对轮流前来执法的不同执法部门，市场主体正常的经营活动受到影响。多头执法问题的根源在于同一级政府下属的不同行政执法部门对同一或同类违规事项都具有执法权。同一行政执法部门上下级都设置执法队伍，且都上街执法，职责雷同，引起"重复执法"问题。对于同一件事，前脚这个检查刚走，后脚另一个部门又到来，使市场主体疲于应付。

在港澳合作方面，粤港澳大湾区的特殊之处在于"一国、两制、三种货币、三个关税区域、三种法律体系"，因此深度融合的难点、痛点在于如何突破体制性障碍，实现人流、物流、信息流等要素充分流动。比如港澳居民在港澳获得的建筑师、律师、注册会计师等专业资格证书在内地不被认可，跟港澳相比内地个税税率高、抵扣少，回乡证功能、子女教育、入职体检、开立银行账户等方面仍未享受同等待遇。粤港澳三地由于实行不同关税制度，查验标准和行政管理体制差异较大，信息难以共享，通关效率较低。另外，粤港澳三地各类技术和标准差异也相对较大，缺乏互认或者协同的机制，等等。

二、主要做法

（一）以商事登记制度为切入点，覆盖企业生命全周期地进行系统化制度集成创新，持续优化营商环境

"足不出户，在网上2个小时就办完了所有流程"，广州市信华置业有限公司业务拓展负责人侯毅在拿到首张商事登记确认制营业执照时感到无比兴奋，南沙自贸区甚至创下开办企业最快10分钟可领取营业执照的"神速"，这一过程无人审批，而是采用智能确认的方式，这种以前想都不敢想的拿证速度在南沙自贸区频繁上演，背后是商事登记从行政许可改为行政确认，最大限度还权于市场和市场主体。

营商环境受到市场准入制度、市场监管制度、企业退出制

度等多方面因素的影响，其改善依赖于这些因素相互交织、相互促进发挥出的积极作用。对市场准入制度进行改革创新仅是对商事登记制度的局部优化，并不能使营商环境从根源上得到改善。

因此，南沙自贸区从商事登记制度整体出发考虑，对企业"市场准入—监管—退出"的生命全周期中的每个环节进行创新，并通过增强各环节创新之间的系统性、整体性和协同性，全面有效地实现商事登记制度的集成创新。具体做法如下：

1. 不断探索完善市场主体准入机制，夯实商事登记制度集成创新的基础

南沙自贸区借鉴国际通行理念，对接香港公司注册制，将商事登记由政府赋予企业主体资格和一般经营资格，改为对投资意愿真实性的确认，即将商事登记行政许可制改为行政确认制。改革后，申请人自主申报登记事项，对相关材料的真实性、合法性作出承诺，市场监管部门重点审查申请人身份的真实性，以及相关人员是否涉及失信禁入、限入等情形，审查通过即予以登记，相关材料向社会公示，接受社会监督。同时，为更好地服务市场主体、规范政府职能，南沙自贸区对政府和企业的各自权利和义务边界进行明确规定，先后出台《中国（广东）自由贸易试验区广州南沙新区片区深化商事制度改革先行先试若干规定》《中国（广东）自由贸易试验区广州南沙新区片区商事登记确认制管理办法（试行）》。

南沙自贸区在商事登记制度创新上大胆探索，改革力度不断深化。早在 2013 年，广州南沙就实施了"先照后证"的商事登记制度改革，将前置审批事项压减了 115 项。以前，市场准入一直都是"先证后照"，即先办理相应的经营许可证，再拿营业执

照。在改为"先照后证"后，企业可以先办理营业执照，再申请经营许可证，这使企业在营业执照已办理且许可证正在申请的过程中便可启动招工、租房、贷款等准备工作。2016年，南沙再次压减了4项商事登记前置审批事项，基本实现商事主体资格和经营资格的相互分离，即"证照分离"。2015年7月，南沙自贸区正式颁布应用"一照一码"新型营业执照，将原分别由工商、质监、国税、地税等多个部门核发的不同证照，改为由工商部门核发加载统一社会信用代码的营业执照，实现了进出口企业"一照一码"条件下的六证合一。2017年，南沙自贸区进一步对首批60项区级事项通过取消审批、审批改备案、实行告知承诺、优化准营管理等方式实行分类改革。

虽然"证照分离"改革使企业能够在许可证还未办成的情况下提前布置以营业执照为前提的准备工作，但是许可证的种类繁多，仍是新开办企业创业经营的"高门槛"。为此，在"证照分离""一照一码"的基础上，南沙自贸区积极推进"多证合一"改革，创新性地推出企业开办"一口受理6＋X证照联办"模式。具体而言，就是通过业务流程再造、信息系统对接等措施，塑造"一口受理、内部流转、信息共享、同步审批、统一发证"的办理流程，将营业执照、刻章备案、银行基本户开户、税务初领发票、公积金单位开户登记、社保缴费登记险种核定6个企业开办必办环节，以及"X"个后续准营许可、备案事项，实行"一口受理6＋X证照联办"模式，提升审批服务效率，市场准入机制不断完善。

谈及南沙在全国首先探索的商事登记确认制改革，澳门电子金融产业贸易促进会副会长马俊连连点赞道："在南沙，开办企业无需行政许可，只要按照流程完成实名认证、自主申报、信用承诺等环节，最快 10 分钟就能办好一张营业执照。不仅快，还很方便！"

2. 加强以信用为基础的事中事后监管，促进商事登记各项制度的协同统一

商事登记制度由行政许可改为行政确认可有效提高企业开办的效率，但是行政确认在很大程度上依赖于申请人的信用。南沙自贸区为加强申请人信用管理，从事前转到事中事后监管，以全面实名认证为支撑、失信禁入限入为前提、大数据和信用监管为后盾、市场强制退出为保障等多种措施综合发力，为商事登记确认制提供系统性保障，营造稳定公平透明、可预期的营商环境。

第一，以全面实名认证为支撑，全过程保证申请人的真实性。为兼顾申请人的合法权益也为后续违法失信行为提供追责精准靶向性，南沙自贸区双管齐下，通过技术手段和部门间业务的协同确保申请人的真实性。同以前相比，加大技术手段应用对申请人的真实性进行甄别，比如，为保证申请人的真实性，凡是涉及签字、提供身份证明的事项都改为"刷脸"办理，并生成《身份信息认证回执综合表单》，供存档留底、后续监管、信息查档使用。同时，为填补部门监管壁垒存在的空白，公安和市场监管部门对身份认证交叉认证，互补协同。

第二，以失信禁入限入为前提，破除违法失信成本过低的顽疾。南沙自贸区针对冒用他人身份信息、申报不实信息、提交虚假材料等行为的失信人员列入违法失信人员名单，在后续市场准入环节中依法予以禁入或限入，失信企业依法列入经营异常名录和查处，情节严重的撤销登记或吊销营业执照，改变过去违法失信成本过低的问题，加大惩罚力度，引导企业诚信规范发展。

第三，以大数据和信用监管为后盾，整合平台资源来保驾护

航。建立更加完整的企业登记及信用数据综合平台，通过上线广州市全程电子化商事登记系统，整合政府多个职能部门信息形成的"规则库"，以及行业协会、企业平台等可信社会数据，为构筑更加诚信、更加便利的营商环境打下了坚实的基础。打造连通区内 30 个部门、9 个镇街的南沙区市场监管和企业信用信息平台，构建市场主体信用监管的"全区一张网"，有效解决准入与监管服务衔接问题，加快推动政府履职由审批为主向事中事后监管为主转变，实现对企业全生命周期的闭环监管。

第四，以市场强制退出为保障，强化事后市场出清。完善出清失联、"死亡"市场主体机制，去除无效供给。2019 年，723 家无法取得联系的企业依法立案查处并吊销营业执照。完善商事登记撤销制度，对以欺骗、贿赂等不正当手段取得登记的，依法撤销登记和查处。成立南沙区处理被冒用身份信息办理虚假注册登记专责小组，集中查处相关违法案件 438 宗。

（二）通过完善顶层设计推进执法体制领域的集成创新，打造"一支队伍管执法"南沙模式

"南沙的综合行政执法改革，不是一个修修补补的改革，而是大刀阔斧的改革，是深广度、宽领域、干脆彻底的改革。"南沙区综合行政执法局总工程师郭顺说，"一个案子一次处罚，有效避免此前'多头执法''重复执法'的情况，有效避免执法扰企、扰商的现象。"

南沙自贸区从综合执法领域的顶层设计着手，以全面落实中央关于深化行政执法体制改革的重大战略部署为目标，统筹体制框架、配套保障、人才队伍、教育培训、执法机制、综合效能等方面的制度创新，促进制度创新之间产生协同效应，形成具有南沙特色的"一支队伍管执法"综合行政执法新模式。

1. 明确综合执法机构的权责边界与综合执法的领域范围，完善综合执法体制的顶层设计

科学谋划综合执法体制改革，形成"一支队伍管执法"的基础。2019 年 3 月 1 日，南沙区综合行政执法局挂牌。2019 年 5 月 16 日，《广东省人民政府关于在广州市南沙区等地开展综合行政执法工作的公告》破除了行政区、开发区、新区、自贸区制约综合行政执法改革的行政架构壁垒，将原 13 个政府职能部门 21 个执法领域的 4546 项执法事权全部整合为综合行政执法局一个局的行政执法职能。同时，按"编随事走，人随编走"的原则，同步划转编制人员、经费预算、装备器材，并列出清单，真正厘清改革"家底"，做到事权、边界、人员、编制、车辆、设备、端口、经费"八清、六到位"。

合理划分综合执法机构的权责边界，打破行政体制的藩篱。南沙自贸区对行政主管部门和综合执法机关职能区分进行了专题研究，按照实行制定政策和负责审批、日常监管和行政处罚"两个相对分开"的改革思路，理顺与行政主管部门的关系，强化不同权力之间相互制衡。通过与检察院、公安局创新建立"1 + 1 + 3"制度体系，有效克服有案不移、有案难移、以罚代刑等难点，实现行政执法与刑事司法无缝衔接。

2020 年 3 月 6 日，南沙区综合行政执法局收到举报，反映某工地建设单位使用侵犯该公司"CKS 科顺"商标专用权的防水卷材。南沙区综合行政执法局当天即对涉案工地进行执法检查，发现该建设场地堆放着标识为"CKS 科顺"注册商标的防水卷材 305 卷。经商标权利人鉴定，认定为侵犯注册商标专用权的假冒产品，案值 12.2 万元。南沙区综合行政执法局依法对涉案产品予以查扣，基于该案符合"两法衔接"案件移送标准，成功地将案

件移送公安机关立案追诉。

科学界定综合执法的领域和范围，实行"一个标准立规范"。南沙自贸区印发《南沙区综合行政执法局执法监督规定（试行）》《南沙区综合行政执法局行政执法全过程记录办法（试行）》《重大行政处罚事项法制审核清单（试行）》等系列配套工作规则（指引、办法），为综合执法标准化和规范化提供基础。此外，南沙自贸区还以广东省司法厅网上办案平台试点为契机，将原来各领域行政处罚、行政强制事项全部纳入"广东省行政执法信息与行政执法监督网络平台"，统一规范执法主体、办案系统、执法流程，统一执法文书，切实提升执法办案效能。

2019 年，南沙自贸区全年共受理信访和案件线索 15595 宗（2020 年截至 4 月 30 日为 5512 宗），立案处理案件 2462 宗（2020 年截至 4 月 30 日为 473 宗），治理违法建设 358.2 万平方米，完成年度任务的 102.34%。物价等领域案件查办实现"零"突破。南沙区综合行政执法局被司法部评为"2019 年度全国法治政府建设工作先进单位"。

2. "人才 + 科技"双引擎助力综合执法，保障综合执法体制顶层创新成果落地落实

增强执法队伍的能力素质和工作驱动，有效提高综合执法水平。南沙区综合行政执法局挂牌成立后，干部普遍存在"职位恐慌、岗位恐慌、能力恐慌"心理，南沙区综合行政执法局为此有计划、有步骤地开展大培训，组织综合执法文书填写、专题研讨、参与听证、法制员培训交流等，并且邀请广州市各职能部门执法经验丰富的业务处室领导、骨干进行授课，力求全面系统精准，实现全员全领域覆盖，真正实现"个个会执法，人人会办案，练就一批业务精兵，培养一批岗位尖兵"目标。

南沙区综合行政执法局举办了 8 期每期 4 天的全脱产轮训、4 期集中授课、4 次特种设备、2 次食品生产、2 次特种设备监察员和药品零售企业 GSP（《药品经营质量管理规范》）检查员考证等培训。"在执法中，经常不知道该不该查处？怎么查处？底气不足，办法不多。"黄阁镇执法队江生表示参加培训之后，以前不懂、不熟、拿不准的问题，现在都心中有数，执法也更高效了。

利用高科技构建智能化工作模式，全面提升执法监管效率。利用无人机等高科技技术实现查违控违全覆盖，建立"1 天出图、1 天核实取证、1 天处理"的 3 天快速执法机制。这使查违控违工作从传统人工巡查的"经验巡查"转向高效率的"科学巡查""精准控违"，实现综合行政执法工作方式向"智慧化"转型发展，全面提升执法监管的反应速度和监管效率。

对于借助无人机实现的查违控违工作，南沙区综合行政执法局局长刘庆义表示："统筹搭建南沙区综合行政执法无人机巡查监控平台，鼓励、支持镇街开发建设查控违法无人机监控系统，我们先后推出'天眼'和'慧鹰'及自动定位系统，及时发现、快速甄别、人机结合、快速查处违建，达到了打早、打小、打彻底的目的。以大岗镇为例，使用无人机'天眼'系统以来，将违建发现在萌芽，打灭在萌芽，基本实现'零新增'。"

（三）以规则对接为重点，通过制度集成创新破解各种要素流动体制性障碍

南沙自贸区以打造成为粤港澳大湾区合作示范区为目标，抓住制度集成创新这个重点，从建立常态交流机制、深化领域战略合作，到搭建创新创业平台、提升人才服务水平，再到推动构建粤港澳司法规则衔接体系，打造了粤港澳合作交流的新模式。

1. 打造全国首个常态化粤港澳规则对接平台，实现粤港澳规则机制"软联通"

制度规则相互衔接不畅是当前粤港澳大湾区建设面临的最大挑战。为了破解这一难题，南沙自贸区通过编制实施首批26条与港澳规则衔接工作清单，推出了342项"湾区通办"事项，率先打造全国首个常态化粤港澳规则对接平台，逐步建立起南沙与港澳各界常态化联系及调研走访机制，促进粤港澳三地政府、业界、智库的常态化、全方位深入交流。

为了更好地服务港澳企业，南沙自贸区创新建立南沙政务港澳服务中心，率先录用港澳籍员工，组建港澳特色政务专班；将港澳专员和内地专员结成对子，结合港澳专员熟悉港澳风土人情与内地专员熟知本地政策法规的优势，为港澳企业、机构及人才提供精准服务。"在这里，我深深地感受到自己不仅是政务一线服务的'主力军'，还是粤港澳大湾区协同发展的'受益者'。在南沙工作和生活，让我了解到港澳青年在内地的发展空间很大、机遇也很多，政府部门对港澳青年创业就业提供的优惠政策和福利也非常好"，中心内的港籍政务专员陈慧兰如是说。

随着粤港澳的深度融合发展，由于法律和机构差异，港澳企业在劳动用工管理方面可能面临更多的风险，发生劳动争议后的一系列问题解决也相对比较复杂。此前的一起案件中，一家港资企业因搬离南沙而无法查询到详细地址，需要公告的文书几经周折通过香港报刊登报，给工作增加了难度、降低了效率。

为了改变这种局面，南沙自贸区率先开展5项诉讼对接香港诉讼规则探索，探索内地审前程序证据开示，在全国率先试点聘任港澳籍劳动人事争议仲裁员和港澳籍人民陪审员，首邀香港大律师适用香港调解规则成功调解涉外案件。率先打造自贸检察智库合作交流平台，并聘任环保、金融、国际法等领域的港澳地区专家作为广东自由贸易区南沙片区人民检察院专家咨询委员会委员等。

港资企业六福珠宝有限公司人力资源部高级经理表示，港澳籍仲裁员居中公正审理涉港澳企业的劳动争议，对他们来说无疑是个利好消息，能够更便捷地搭建起有效沟通桥梁，帮助港澳企业更好融入内地发展。

2. 成立全国首个"大湾区国际人才一站式服务窗口"，打造国际化人才特区

国际化人才是大湾区建设的重要支柱。为了更好地为国际化人才提供服务，南沙自贸区根据《广东省引进高层次人才"一站式"服务实施方案（修订版）》要求，在"一带一路"、粤港澳大湾区、国际营商通等涉外综合服务平台的基础上设立大湾区国际人才一站式服务窗口，将国际人才相关的政务服务功能整合至一个平台实行。

服务窗口为高层次人才提供一对一服务咨询指引，为各类国际高层次人才在工作、户籍、教育、就业、科研资助、工商注册、金融、高企认定、知识产权保护、医疗、通关便利等20个方面共计93项服务事项提供"一站式"综合服务，实现了"办事零门槛、服务零盲区、语言零障碍、资源零距离"的服务模式。

"一站式"服务窗口可以改善部门间来回跑腿、口径不一、信息不通等局面，使国际人才办事只需在一个窗口即可办结，为国际人才在南沙生活、就业、投资、发展提供便利，推动南沙人才服务模式多样化、服务标准国际化、服务流程便利化建设。云从科技集团副总裁张立表示："以往办理高层次人才相关的人才安居、子女教育、人才政策申请等事项时，需要跑多个部门咨询

办理，现在到大湾区国际人才一站式服务窗口即可一次性办理，今后我们办理高层次人才工作就方便多了。"

3. 搭建全方位创新创业平台，为港澳青年创新创业创造良好环境

港澳青年既是粤港澳大湾区建设的重要力量，也是引领粤港澳大湾区经济社会创新发展的生力军。南沙自贸区以广大基层一线的港澳青年、港澳青创企业为重点服务对象，精准聚焦学业、就业、创业"三业"与食、住、行等现实需求，推出《广州南沙新区（自贸片区）鼓励支持港澳青年创新创业实施办法（试行）》，为港澳青年在粤港澳大湾区创新创业提供全方位支持。

南沙自贸区创新推出港澳青创补贴，发布"港澳青创30条"，创设学业、医疗保险、落户、贷款贴息补贴，推出"商事注册绿色通道服务""青创税务'六个一'服务""'十项全能'服务"等创新举措，对引进港澳青年专才、港澳青创企业的引荐人给予上不封顶的资金奖励，为港澳青年创新创业创造便利条件和良好环境，让港澳青年充分感受到湾区温度、湾区速度和湾区引力。

南沙自贸区通过各项大湾区人才政策落地，提升人才服务国际化水平，充分激发人才活力，推动粤港澳大湾区成为极具人才吸引力和人才竞争力的高地，逐步实现穗港澳三地"心联通"。

4. 构建全链条知识产权服务体系，全力保障企业合法权益

知识产权保护是一个系统工程，覆盖领域广、涉及方面多，要综合运用法律、行政、经济、技术、社会治理等多种手段，加强各环节协同配合，构建全链条服务体系。南沙通过深化知识产权体制机制改革，新组建知识产权局实现对专利、商标、版权的统一高效管理，以强创新、大保护、优服务为着力点，创新构建

知识产权"1办法+3平台"工作体系。

"1办法"即《广州南沙新区（自贸片区）知识产权促进和保护办法》，这是全国自贸区首部知识产权促进和保护办法，旨在通过吸引创新要素集聚的激励措施，着力于建立集行政执法、司法保护、信用监管、社会共治于一体的全方位知识产权保护体系。

"3平台"是指南沙自贸区重点建设的三大服务平台：一是建设粤港澳大湾区知识产权运营服务集聚平台，已集聚1.1万多项专利成果和20多家知识产权服务机构，旨在为知识产权孵化育成、评估认定、转移交易提供交易服务云平台；二是建设中小微企业知识产权托管平台，已为首批200多家中小微企业提供知识产权托管服务，有效提升中小微企业知识产权创造、运用、保护和管理能力，着力打造粤港澳大湾区企业知识产权托管服务中心；三是建设知识产权海外维权援助服务平台，通过组建海外维权专家库，为"走出去"企业提供海外专利布局建议和海外专利纠纷应对等服务。"1办法+3平台"连接起知识产权创造、运用、保护、管理和服务全链条，为知识产权发展提供制度保障和创新动力。

三、经验启示

（一）以习近平总书记关于自贸区建设的重要论述为引领，着力打造改革开放新高地

2020年9月1日，习近平总书记在中央全面深化改革委员会第十五次会议上强调，要把构建新发展格局同实施国家区域协调发展战略、建设自由贸易试验区等衔接起来，在有条件的区域率先探索形成新发展格局，打造改革开放新高地。南沙自贸区深入学习贯彻习近平总书记关于自贸区建设的重要讲话精神，在广东省委、省政府关于把南沙自贸区打造成广东高水平对外开放门户枢纽的支持下，时刻牢记建成改革开放新高地的光荣使命，以集成创新的方式推动各个领域的制度改革，实现更高水平的对外开放，加快形成新发展格局。

南沙自贸区将商事登记制改革作为重要着力点，以企业全生命周期为基础推进制度集成创新，以不断提高市场主体和人民群众获得感、幸福感为导向，通过减环节、减时间、减成本、提质量，实现从烦琐、严苛管制向简约治理的转变。同时，政府职能进一步优化，管理理念和模式发生了根本性变化，通过打造"一支队伍管执法"南沙模式，克服了不同职能部门之间的壁垒和存在的职能错位、越位、缺位。此外，南沙将自贸区建设与粤港澳大湾区建设这两大战略有机衔接，充分借鉴学习港澳及全球先进经济体营商环境理念标准和最佳实践，构建起与港澳及国际先进营商规则相衔接的制度体系，通过制度集成创新破解人才、知识产权等生产要素不能有效畅通的体制性障碍，把南沙自贸区建设成为港澳与国际规则"引进来"和中国规则"走出去"的试验示范窗口。

（二）以系统性思维统筹规划各项制度创新，实现制度改革的"物理整合"向"化学融合"转变

早在 2012 年 12 月，习近平总书记在广东考察时就指出，增强改革的系统性、整体性、协同性，做到改革不停顿、开放不止步。党的十八届三中全会也明确提出要以全局观念和系统思维抓改革。抓顶层设计和系统集成，注重改革的整体谋划、协调推进和联动集成，成为新时代深化改革必须坚持的重要原则和方法。

自贸区制度改革是一个复杂的系统性工程，涉及不同方面的不同制度，每一项制度创新均会对其他制度产生重要影响，每一项制度创新又需要其他制度创新的协同配合。因此，要统筹规划制度改革涉的各个领域、各个方面和各个要素，在进行某项制度创新的同时还要推进配套制度的创新，推动制度创新由"物理整合"转向"化学融合"，实现各项制度改革的相互促进、协同配合。

南沙自贸区站在整体和全局高度，统筹协调和推动各领域、各子项、各事项间的制度创新，进行全局突围，提升了制度创新效率，为制度集成创新提供经验样本，例如从企业生命全周期出发推进商事登记制度改革、由制度顶层设计优化引领综合执法管理改革、以全链条服务为目标推动人才服务方式改革。

（三）坚持政府引导和市场驱动相结合，以协同理念推进制度集成创新

党的十八届三中全会明确提出，正确处理政府与市场的关系，使政府管理的"有形之手"与市场机制的"无形之手"有机结合，这是我国深化经济体制改革的关键。我国自贸试验区的设置和运行本质上是在现有体制机制下，政府通过政府职能合理规范转变，把本身具有的权力转变还原为市场主体的权利。南沙自贸区在制度创新方面很多首创性做法，如商事登记制度改革、综合行政执法改革、人才和平台建设等方面，推进行政管理职能与流程优化，充分调动纵向和横向各部门的力量，以协同理念推进系统集成创新，都体现了紧紧抓住政府职能转变这个"牛鼻子"。

制度集成创新涉及多部门、多环节，相关协调工作多、任务重。在纵向上，需要将制度创新的不同环节、不同链条整合起来，作为一个统一的整体发挥联动机制，提高创新效率。南沙自贸区为港澳青年提供的"人才一站式服务窗口""全方位创新创业平台""全链条知识产权服务体系"等均是以协同创新理念为指引的多部门联动的具体呈现。在横向上，制度集成创新需要不同部门、不同创新主体协同合作，打破信息壁垒，紧紧围绕改革中的重点难点问题，通过各种要素的整合发挥制度集成创新的成效。只有通过横向协同和纵向联动，制度集成创新中各项创新举措才能形成更大合力，推进制度创新取得整体性、实质性成效。

（四）以满足市场主体需求为导向推动制度集成创新，营造一流的营商环境

良好的营商环境是一个国家和地区的软实力，也是一个国家和地区综合竞争力的重要组成部分。良好的营商环境有利于建立生产要素自由流动的规则和秩序，可以加快汇聚人流、物流、资金流、信息流等要素，提升企业活力和高端要素集聚能力。

营商环境好不好？市场主体说了算。营商环境涉及的内容不仅仅是企业开办、生产经营的环境，还包括企业员工的吃穿住用行等生活的方方面面。因此，自贸区要以改善市场主体的感受为第一目标，建立一整套优化营商环境的长效机制，重点解决与企业息息相关的亟待解决的问题，持之以恒优化营商环境，确保市场主体愿意过来、留得下来、发展得好。南沙自贸区通过营造高效便捷的政务环境、竞争有序的市场环境、与国际接轨的开放环境、充满活力的创新环境以及公平公正的法治环境，为自贸区制度集成创新提供营商环境建设样本。

【思考题】

1. 南沙自贸区制度集成创新过程中，如何把有为政府和有效市场结合起来？

2. 实现粤港澳三地资源互通的关键制度因素有哪些？你认为哪些创新制度政策可以在南沙自贸区先行先试？

深入推进"数字政府"改革建设*

——广东率先营造便民、高效、优质的政务服务环境

【摘要】2017 年，广东省在全国率先探索开展"数字政府"改革建设，以政务互联网思维为指引，以体制机制建设作为突破口，创新提出"全省一盘棋"的管理模式，"政企合作、管运分离"的建设运营模式。先后建设完成一体化的"数字政府"公共基础支撑平台，推出了具有广东特色的"粤省事""粤商通""粤政易"等"粤系列"移动政务服务应用，实现了"掌上政务指尖办"目标。在 2020 年新冠肺炎疫情防控中，广东依托全国一体化在线政务服务平台总枢纽，充分发挥"数字政府"改革建设积累的大数据服务能力和集约化优势，快速响应了疫情防控、复工复产、政务服务等多方面需求。

经过三年多的理论与实践探索，广东"数字政府"改革建设取得初步成效，全省政务信息资源得到有效整合，部门间数据壁

---

* 本案例由中共广东省委党校吕晓阳教授、梁武副教授、顾翠芬副教授、王会讲师撰写。广东省政务服务数据管理局、数字广东网络建设有限公司、肇庆市政务服务数据管理局、汕头市政务服务数据管理局、佛山市南海区政务服务数据管理局、广州市越秀区政务服务数据管理局等单位提供了调研资料和调研安排。

垒逐步打通，创新应用方面成果迭出，政务服务能力快速提升，便民高效优质的政务服务环境逐步形成，群众办事体验大大改善。

【关键词】数字政府　政务服务　互联网思维

2018 年 4 月 20 日，习近平总书记在全国网络安全和信息化工作会议上指出："要运用信息化手段推进政务公开、党务公开，提高透明度，及时回应群众关切、接受人民监督。""要加快推进电子政务，构建全流程一体化在线服务平台，让百姓少跑腿、信息多跑路，更好解决企业和群众反映强烈的办事难、办事慢、办事繁的问题。"近年来，广东积极推进"数字政府"改革建设，提升政务服务水平，让企业和群众更好地享受"数字政府"改革建设带来的红利，让信息化的成果更多地惠及广大人民群众。2021 年 4 月 18 日，广东省省长马兴瑞主持召开广东省"数字政府"改革建设工作领导小组会议强调，要攻坚克难推动"数字政府"改革建设取得更大突破，推动广东省"数字政府"和政务服务水平始终保持在全国前列。

一、背景情况

2001—2017 年，经过"十五"到"十二五"及"十三五"规划前期的大力推进，广东省电子政务建设和应用取得了一批重大成果。在应用系统建设方面，广东省省直单位政务信息系统达到 1068 个；各级部门在信息化建设和应用过程中，沉淀了丰富的数据资源，实现了初步的数据汇聚，广东省政务信息资源共享平台实现了 79 个省级单位、21 个地市联通，沉淀数据超过 60 亿条。在基础设施建设方面，广东省政务信息基础设施建设已经初具规模，电子政务云平台一期可满足省政务服务网、省政府信息公开业务系统、省公共信用信息管理系统、省企业投资项目备案系统等信息系统应用需求。此外，广东省政务外网已形成省、市、县三级网络体系，为全省电子政务建设提供了有力的网络支撑。在公众与企业服务方面，广东省启动了省、市两级网上办事大厅建设工程，着力推广企业专属网页和市民个人网页，方便了公众办事，展示了政府向服务型政府转变的良好形象。

这一时期，广东省电子政务建设尽管取得了上述成绩，但由于统筹规划不足，全省电子政务机构和人员力量分散，各地、各部门各自为政，导致政府信息化建设仍面临各种挑战。

第一，信息化建设的传统思维定式未打破，普遍出现重建设轻运营和服务现象。政府各部门的业务系统越来越专业和庞大，但只注重功能、轻视运营、不关心服务对象的体验效果，政府部门传统的业务流程不能适应扁平化、并行化的趋势。不少事项实现网上办事后办事人跑动次数、重复提交材料数并未减少，真正实现全流程网上办理的事项较少。比如，办理房屋过户至少要跑国土、地税、住建3个部门的窗口，排3次队，交3套资料。办理好过户后，还要再去供水、供电、供气3个营业厅办理过户手续。又如工程项目审批，立项、报建、验收全流程要跑20个部门，平均要跑40次，需要材料266件，需办理的天数至少300天。传统思维定式制约了便民政务服务能力。

第二，政府内部信息系统不互通，各部门专业应用和数据整合共享力度不足，存在数据壁垒。缺少统一、畅通的跨部门线上办公协作平台，部门不同业务分别使用上级部门开发推广的不同系统，存在同一数据多次重复采集现象，数据共享整合难以开展，导致部门之间、地市之间业务系统未充分互联互通，业务审批与办公自动化系统未能协同联动，文件下发、信息传达层级多、流程长。数据壁垒制约了办公协同效率。

第三，信息化机构重叠，信息资源碎片化，信息基础设施运维及安全防护难度大。信息基础设施重复建设现象严重，多个部门和地市都建有数据中心及灾备中心，资源利用率低、运行效益低等问题突出。省直部门大都设有本部门的信息中心，独立运行，运维难度大，未形成全方位、多层次、一体化的网络安全防护体系。信息资源的碎片化制约了信息化建设的集约效能。

这些问题影响了便民高效优质政务服务环境的形成，阻碍了广东省政务信息化的高水平发展，导致政务服务与整体数据协同能力和水平与广东省经济大省不相适应。据中国互联网信息中心统计数据，自2001年以来广东省网民数量一直居全国首位，2016年达到了8024万人。全国最大的互联网运营商腾讯公司、网络设备供应商华为公司也产生在广东，但广东的电子政务服务并没有排在全国前列。2016年，广东省政府网站在全国政府网站绩效评估中位列省级网站第三名，省级政府网上政务服务能力排名第九。

要解决这些问题，需要取得三大突破：一是把全省信息化机构、资源、建设与运营统一管起来，消除碎片化，形成"全省一盘棋"格局；二是整合各种信息系统，推动数据跨域流动，打通数据壁垒，实现"一网通办"；三是将互联网思维全面推广到政务服务中，形成政务服务新模式。由此引发了广东省自上而下深层次的"数字政府"改革建设热潮。

二、主要做法

广东省委、省政府以习近平新时代中国特色社会主义思想为指引，深入贯彻落实党的十九大关于建设"数字中国、智慧社会"的战略部署，紧紧抓住政务信息化这个牵一发而动全身的重点领域，作出"数字政府"改革建设的决策部署。

在推进"数字政府"改革建设过程中，始终坚持行政、业务、技术等各层面统筹协同推进。在行政组织上，提高各部门的改革意识，以"数字政府"改革顶层规划、实施方案、考核指标为牵引，建立协同渠道、完善体制机制，让"数字政府"改革建设从技术部门的"独舞"变为业务部门和技术部门的"共舞"。在业务推进上，坚持应用引领，聚焦民生、社会等各领域，以业务优化为牵引，倒逼各个层级系统对接、数据共享，有针对性地解决业务问题。在技术实现上，通过"数字政府"基础支撑平台、大数据中心的统一建设，以统一标准引领，改善部门间因网络不通、架构不同等原因造成的系统割裂，支持各部门不断优化和完善业务流程、创新业务形态，让数字政府具备长久的生命力。

（一）构建四大体系，打造一体化高效运作的"整体政府"

广东"数字政府"改革建设以体制机制创新作为突破口，推进信息资源整合和深度开发，促进政务信息共享和业务流程协同再造，通过构建"数字政府"整体改革框架，逐步打造一体化高效运作的"整体政府"。

1. 设立统一的指挥协调体系

2017 年 12 月 1 日，中共广东省委书记李希主持召开十二届省委全面深化改革领导小组第四次会议，将"数字政府"改革建设列为全省全面深化改革的 18 项重点任务之首，审议通过了《广东"数字政府"改革建设方案》，该方案提出，要以改革的思路和创新的举措，重点在管理体制、建设模式、运行机制等方面进行探索创新。在省级层面成立了以省长马兴瑞担任组长的"数字政府"改革建设工作领导小组，领导小组会议按照高位推动、集中攻坚的原则，审议通过了《广东省"数字政府"建设总体规划（2018—2020 年）》《广东省"数字政府"网络安全体系建设总体规划》《广东省省级政务信息化服务项目管理办法》等重要文件，迅速搭建起"数字政府"改革建设的"四梁八柱"。

体制创新先行。全面撤并省信息中心和省直部门内设信息化机构，在省级层面成立政务服务数据管理局，统筹协调推进改革和全省政务信息化建设，确保"数字政府"改革与"放管服"改革和营商环境优化等同步推进，保证政务信息技术与政务服务融合发展。政务信息化项目审批立项由政务服务数据管理局负责，从机制上把控住了数据烟囱、数据孤岛产生的源头。与省级对应，依托本轮省市两级机构改革，成立市县两级政务服务数据管理局，建立起省市县三级协同一致的管理体制，形成全省集中统一、上下贯通、运转高效、执行有力的管理机制。

确立改革目标。在《广东省"数字政府"建设总体规划（2018—2020 年）》中制定了七个方面的具体目标：

第一，让企业开办时间再减一半、项目审批时间再砍一半，让企业和群众办事只进一扇门。

第二，压缩行政审批事项办理时间，省直部门行政许可事项承诺办理时限较法定办理时限压缩 50% 以上，政务信息化建设项目立项审批时限压缩 70% 以上。

第三，力争做到高频事项"最多跑一趟""只进一扇门"，实现 80% 高频服务事项掌上办。省级政务服务事项网上可办率超过 90%，市县级政务服务事项网上可办率超过 70%。

第四，通过省统一身份认证、证照库、非税支付，推进一次登录、全省通办、人脸识别办事、扫码缴费，最终实现足不出户即可办事。

第五，消除现有各类信息孤岛，包括 37 个网络孤岛、44 个机房孤岛和超过 4000 类数据孤岛，实现数据资源共建共享。

第六，降低政务信息系统开发运行成本和运维管理成本，节省财政资金 50% 以上。

第七，打造和推广"数字政府"便捷政务服务，建立超过 100 个维度的自然人、法人数据"画像"，为企业群众主动提供个性化、智慧化的政务服务。

省市协同联动。加强省市协同推动数字政府均衡发展。一是探索"省市联建"模式，加大对汕头、湛江两个副中心城市的支持力度，支持珠三角地区改革创新，在广州市越秀区开展示范区创建；二是统筹推进欠发达地区基础设施建设，2018—2020 年投入 9.41 亿元支持 14 个地市政务云基础设施和梅州市政务外网建设，2021 年安排 2.31 亿元支持 14 个欠发达地市建设政务大数据中心和支持 7 个欠发达地市建设数据分析平台；三是加快推进省市一体化信息安全体系建设，建成地市政务云基础安全设施，与国家计算机网络与信息安全管理中心广东分中心签订合作协议，并发起成立数字政府网络安全产业联盟。

2. 建立权威的决策咨询体系

2019 年 3 月 27 日，省长马兴瑞宣布广东省"数字政府"改革建设专家委员会成立，十二届全国政协副主席、国家电子政务专家委员会主任王钦敏担任专家委员会主任。作为省政府的决策咨询机构，专家委员会参与制定"数字政府"改革建设中长期规划，承担省级政务信息化服务项目立项、验收评审，并以智囊团形式指导和参与广东"数字政府"的建设运营，有效降低了信息化项目集中审批的风险。

3. 创立专业集成的建设运维体系

创建"政企合作、管运分离"的建设模式和运营机制。以省政务服务数据管理局统筹管理和"数字政府"改革建设运营中心统一服务为核心内容，通过构建"数字政府"组织管理长效机制，保证全省"数字政府"的可持续发展。引入腾讯、三大电信运营商（移动、联通、电信）和华为的优质资源组建数字广东网络建设有限公司，"数字政府"改革建设运营中心以数字广东网络建设有限公司为主体，具体承担省级政务信息化方案设计和省级政务云平台、政务大数据中心、公共支撑平台三大基础资源平台建设运维，提供解决方案、系统管理、应用开发、数据融合、安全机制等专业化综合服务。通过集中企业优势力量开展统一建设、统一运营、统一调度，形成建设能力的集约效应及政企协同推进改革的强大合力。

数字广东网络建设有限公司依托腾讯"数字政府"工具箱理念，通过"数字政府"工具箱的能力供给，以及集约化、规范化的统一建设管理，极大程度降低了"数字政府"相关开发成本，避免重复建设。依托腾讯平台流量能力，打通不同用户群体之间的沟通壁垒，提高公务办事效率，创新政务服务模式。利用平台和技术优势做好政府与民众、政府与企业、政府与公职人员之间的"连接器"，助力政务服务实现数字化转型升级。

4. 打造坚实可靠的安全防护体系

在"数字政府"集约化建设模式下，原有分散在各部门的业务和数据统一迁移上云，带来的数据安全风险成倍增加，对网络和数据安全防护提出了更高要求。"数字政府"改革清晰界定管理边界，明确政务数据管理部门、建设运营中心和业务部门的网络安全主体责任，按照数据所有权、管理权、使用权相分离的管理思路，建立数据安全的运营方、管理方、审计方"1＋2"模式，有效形成"建设运营方安全自查、数据管理方安全监测、审计方安全审计"的三道安全风险防线。坚持"统筹、集约、动态、科学、可控"理念，建立了涵盖政务云平台、数据和应用的网络安全管理体系、安全技术防护体系、安全运营执行体系、外部安全监管体系，形成了"三横四纵"的"数字政府"安全整体框架，并组织起一支以国内顶尖人才为主体的安全管理团队开展日常防护，有效保障了"数字政府"在安全的轨道上平稳运行。

指挥、决策、建设运维与安全防护四大体系的成功构建，为形成"全省一盘棋"管理格局奠定了坚实的体制机制基础。

（二）推出"粤系列"品牌，打造便民利企的政务服务环境

强化"互联网思维"，充分发挥广东"数字政府"集约化系统平台和政务大数据中心资源，突出政务服务的一体化和移动化，针对群众、企业、政府等不同群体，打造具有广东特色的"粤省事""粤商通""粤政易"等"粤系列"服务应用品牌。

1. 推出"粤省事"，让群众享受指尖办事的便利

2018 年 5 月，全国首个政务服务小程序——"粤省事"移动政务服务平台上线。"粤省事"积极探索移动在线政务服务新模式，梳理与群众生活密切相关的政务服务事项，基于微信平台，通过业务流程再造、业务协同和数据共享，压缩办理时限，优化办事体验。

2018 年 12 月 27 日，广东省公安厅在全省推广使用"粤省事"申办无犯罪记录证明，符合条件的申请人可在"粤省事"户政（治安）服务申请办理证明并可实时查询，掌握办理进度。在公安机关办结后，申请人可到受理单位领取证明，大大节约了办理时间。群众足不出户即可在"粤省事"线上"一站式"办理居住登记、居住证。以往需线下跑动 1 ~ 3 次的业务，现在最多跑 1 次，还可少填多项信息，大大提高了办事效率，真正让群众"少

跑腿"。

"粤省事"为残疾人办事服务提供专门人性化设计，残疾人群可办理生活补贴、减免所得税、申请残疾人证、挂失申请残疾人证等基础业务，其中申领残疾人证过去至少要跑 4 次，其他每个事项至少跑 1 次，现在除了需要跑 1 次医院进行残疾定级，其他事项均可通过"粤省事"线上办理，大大减少跑动次数。

截至 2021 年 12 月中旬，"粤省事"集成了 2173 项服务事项及 91 种个人电子证照，其中 1141 项实现"零跑动"，实名用户超过 1.5 亿人。"粤省事"上线了出生证、身份证、居住证、社保卡、残疾人证、完税证明、住房公积金、出入境证件、驾驶证、行驶证等数十种电子证照和电子凭证。打开"我的证照"，即可查看政府部门签发的本人全部电子证照以及相关的"指尖办理"服务。电子证照与纸质证照具有同等使用效力，全省通行、不会丢失、安全可靠，只要一机在手就带齐了所有个人证照，随时随地"指尖办理"。通过"粤省事"，可办理社保缴纳、公积金查询和领取、电子税票服务、结婚登记预约、一键移车、交通违章处罚、出生证领取、居住证登记、灵活就业人员公积金自愿缴存等一系列高频民生服务事项，有效解决老百姓身边的"烦心事"。

2. 上线"粤商通"，为企业营造快捷优质的营商环境

继成功推出"粤省事"品牌之后，2019 年 8 月，广东上线面向全省商事主体的"粤商通"涉企移动政务服务平台，成为广东省深化"放管服"改革、减轻企业负担、优化营商环境的重要助推器。截至 2021 年 12 月 20 日，"粤商通"平台市场主体注册量超 1000 万，已为过半数广东市场主体提供"一站式""免证办""营商通"的便捷惠企服务。"粤商通"将分散在政府各主管部门的企业开办、经营许可、清缴税款、出口退税、创业补贴、扶持

资金申请等1518项高频服务集成到一个手机应用。通过对接电子证照库,接入营业执照、税收完税证明、食品经营许可证等1333类高频电子证照服务。在政务服务大厅办事时,企业通过"粤商通"即可完成证照查验,手机随行,证照随身。

3. 开通"粤政易",为公职人员提供高效的办公平台

2020年8月,由广东省统一建设、分级管理,供省内公职人员处理公文、信息、事务的"粤政易"移动办公平台正式开通。"粤政易"以满足政府部门内部办文、办事、办会的需求为基础,以提供跨层级、跨地域、跨部门、跨系统、跨业务的数据共享和业务协同为导向,打通政府各部门应用的业务流程,推进部门纵横联动和协同办公,推动"整体政府"建设。截至2021年12月20日,累计已为全省21个地市、12万个单位组织总计超201万名用户开通账号,日均活跃用户已突破110万,已接入各级公职人员高频应用900多项,公文处理时长比之前缩短超过40%,有力支撑了全省公职人员工作模式从"办公室办"向"掌上办""指尖办"的转变。

除了"粤省事""粤商通""粤政易"之外,还推出了全国首个基于小程序的电子签章平台——"粤信签"、全国首个集省市县政务地图数据中台——"粤政图"、全国最大的省级一体化政务服务平台——广东政务服务网、全国集成度最高的政务终端——广东政务服务一体机等。目前,办理不动产登记只需跑1次即可;工程项目审批全流程只需跑1次跑1个部门,需要材料由266件减少至164件,需办理天数由300天压缩至60~90天。省级部门"零跑动"事项超过98%、地市级超92%、县区级超86%;全省"最多跑一次"事项占比超98%。"数字政府"改革建设的这些成果表明,面向群众、企业和政府部门的"一网通

办"目标在广东已基本达到。2021 年 5 月 26 日，在国务院办公厅电子政务办公室有关 2020 年省级政府一体化政务服务能力指数评估中，广东省得分再次居全国第一，取得 2018—2020 年"三连冠"的好成绩。

（三）借助大数据支撑力量，打赢疫情防控阻击战和复工复产主动仗

2020 年新冠肺炎疫情暴发后，广东省委、省政府借助"数字政府"强大的数据支撑力量，科技抗疫，打赢疫情防控阻击战和复工复产主动仗。

1. 统筹建设推进"一码通行"

根据新冠肺炎疫情防控工作需要，广东省为落实党中央、国务院及省委、省政府疫情防控工作部署，于 2020 年 2 月初率先推出省级健康码"粤康码"，创新采取"零填报亮码""零隐私收集"模式，作为疫情防控期间便利人员出行使用的个人电子风险提示码，并结合实际应用场景不断优化完善。截至 2021 年 12 月 20 日，"粤康码"累计使用人数超 1.8 亿人，累计亮码次数超 145.8 亿次，切实方便群众出行和跨省流动。

2. 推出"疫情防控服务专区"

2020 年 1 月 28 日，"粤省事"和"粤商通"平台推出"疫情防控服务专区"，涵盖全国疫情情况、权威防疫资讯、群防群治战疫情和防疫便民等内容，群众可通过该专区实时获取最新疫情信息，查询疫情线索及疫情服务，还可在线进行疫情医疗咨询。

3. 上线中小企业诉求响应平台

受新冠肺炎疫情影响，不少中小企业都出现了无法按时缴纳社保、纳税困难等问题。"粤商通"上线了中小企业诉求响应平台，在线受理疫情期间在粤企业反映最突出的用工、融资、租金、税务、进出口、商协会服务等诉求，做到企业诉求在线收集、问题分发、诉求处理和反馈等全流程闭环运转，支撑各市工信、人社、金融、税务、贸促等部门涉企服务联动，实现"企业有呼、政府必应"。

4. 建起通信和工作协同渠道

疫情期间，政府部门远程办公需求迫切，省内各地、各部门利用"粤政易"迅速建立起通信和工作协同渠道。截至 2021 年 12 月 20 日，全省公职人员使用"粤政易"进行远程沟通，日均传送信息 600 多万条，3.67 万家单位通过电子公文交换系统在线收发公文，日均逾 3 万份，大大减少了人员聚集和流动，降低感染风险。

5. 对接健康码跨省互认，保障复工复产

疫情得到控制后，粤鄂两省共同策划"点对点、一站式"输送荆州务工人员尽快安全有序入粤返岗。2020 年 3 月 16 日，在广东省委、省政府指导下，广东省政务服务数据管理局、数字广东网络建设有限公司组建工作团队，逆行湖北武汉和荆州，对接湖北省健康数据与"粤康码"互认。经过不懈努力，3 月中旬，"粤康码"成为首个与"湖北健康码"互认的健康码，并依托全国一体化政务服务平台，与国家"防疫健康信息码"、各省（区、市）健康通行码相关防疫健康信息实现数据共享互信，有效保障了复工复产。

6. 探索健康码跨境互转机制，搭建粤澳"快捷通道"

广东省按照中央统一部署扎实推进粤澳、粤港健康码跨境互转互认工作，广东省有关单位与澳门特区政府有关部门密切合作，上线粤康码通关凭证，按照"后台服务不作互联、个人自愿提出转码、转码数据全程加密"的办法，建立符合法律规定的健康码对接转码机制，双方采取符合法律规定的个人信息传输技术方案，

实现"粤康码"与澳门健康码对接。此外，为使粤澳健康码转码全过程尽可能减少群众填报，粤康码集成了海关出入境健康申报服务，实现通关人员依托粤康码"一站式"领码、转码、生成通关凭证，做到"一键转码、亮码通关"，截至 2021 年 12 月 20 日，有近 1.41 亿人次持粤康码通关凭证往来粤澳两地。

粤澳健康码跨境互转互认的创新实践，圆满完成了党中央、国务院赋予的以健康码互转互认为基础，有序恢复粤港澳人员正常往来的重大政治任务，粤澳转码通关的成功经验得到了中央领导的高度认可，为习近平总书记在 G20 第十五次峰会上倡议各国建立健康码国际互认机制，搭建"快捷通道"，便利人员有序往来提供了坚实的实践基础，中共中央政治局委员、广东省委书记李希评价此项工作是"一大创举"。

（四）推动"适老化"改造，提升"数字政府"的便民惠民效能

广东"数字政府"改革建设通过政府组织优化与流程再造，提升资源配置与服务效率，打造全覆盖便民惠民服务体系，让群众提交最少的材料、经过最少的环节、获得最好的服务。在互联网深刻改变人们的生产生活方式的同时，很多老年人因不会使用智能手机而无法享受智能化服务的便利，广东省大力推进适老化服务，缩小"数字鸿沟"，让广大老年人也享受到"数字政府"改革建设带来的实实在在的红利。

1. 推出"健康防疫核验系统"，让老年人畅行无阻

不少老年人因为不会使用智能手机，在出行、就医、消费等日常生活中遇到了一些"难题"，屡屡出现因出示不了"健康码"而不能进入某些场所的尴尬局面。针对这一问题，广东省适时推出了"健康防疫核验系统"这一适老化服务应用。该系统在全国

率先推出刷身份证进行出入登记和核验粤康码服务,同时也支持国家健康码应用。系统无需使用手机,只需身份证,短短2秒钟,即可完成人、证、码"三合一"查验出入登记和核验健康状态等信息。

自2021年1月28日春运首日正式启用以来,该系统已在广东省21个地市各大交通枢纽布点,包括白云机场,广州站、广州东站、广州南站、珠海站等火车站、广东省汽车客运站、天河客运站等汽车客运站,以及清远服务区等多个高速公路服务区。同时,该系统还布点于省内各级政府及相关机构、卫生医疗服务机构、公共文化服务设施及酒店等。截至2021年12月20日,该系统已在广东全省累计核验超过9100万人次。

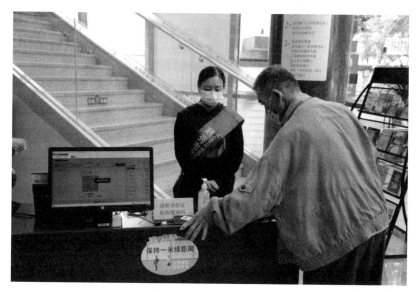

图1　老人刷身份证核验健康码进入越秀区政务服务中心(广州市越秀区政务服务数据管理局提供)

2. 开展在线服务平台适老化改造,让老人办事敢"触网"

广东政务服务网、"粤省事"两大主平台同时进行适老化改造,解决老年人网上办事操作难的问题。首先是针对老年人视力下降的情况开通无障碍导览通道，在广东政务服务网提供了阅读辅助十字光标、阅读配色器的功能；在"粤省事"平台也优化了整体视觉设计标准，方便老人在移动端阅读。另外，实现了刷脸认证全覆盖、双向邮寄服务全覆盖和办事进度微信推送等便利服务。

（五）坚持移动化精细化，同步提升地方"粤系列"平台服务水平

广东省各地方"数字政府"改革建设始终坚持政务服务移动化、一体化、精细化的发展方向，针对群众、企业和公职人员不同办事需求，依托"粤省事""粤商通""粤政易"移动平台，有力推动行政管理和公共服务提质增效。

1. 肇庆市深入拓展平台应用，有效提升政务服务质量

肇庆市深化"放管服"改革，有效提升政务服务"一网通办"水平。拓展"粤省事"肇庆专版应用范围，截至 2021 年 9 月底，"粤省事"肇庆专版实名注册用户数超 408 万人，累计上线民生服务事项 968 项（其中本地特色服务事项 68 项），业务量累计突破 5220 万宗，减少群众跑动 10440 万次，节约办事时间 6960 万小时，节约出行成本超 41760 万元。依托政府侧涉企服务平台，在"粤商通"建设"全肇办"涉企服务专区，向企业提供一体化主动式服务，实现企业在办项目情况、在建工程进度等信息随时可查，商事登记、办税服务等高频事项指尖可办，打造成为"全肇办"涉企服务品牌，该工作经验由广东省推进政府职能转变和"放管服"改革协调小组在全省作了推广。全力提升部门协同办公水平，深度对接"粤政易"平台、省公文交换系统等，开发建设"肇政易"协同办公平台，该平台已在肇庆市各县（区）、肇庆高新区、肇庆新区、粤桂合作特别试验区（肇庆）以

及肇庆市政府组成部门、直属各单位全面推广使用，注册用户6万多人，用户在线峰值超6000人，累计办理文件超30万份。

2. 汕头市推动智慧政务新发展，拓宽应用场景建设

汕头市做大做强做优"政务服务网""粤省事""粤商通""粤政易"移动平台，构建融党政办公、业务办理、政策推送、政企互动、企业中心为一体的移动综合政务服务平台，实现政务服务"零跑动"和"指尖办理"。截至2021年10月底，"粤省事"汕头实名注册数约444万人，"粤商通"汕头市场主体用户数约28.44万人，"粤政易"汕头开通账号约7.5万个。广东政务服务网汕头分厅进驻单位53个，市级依申请类政务服务事项2195项，网上可办率达84%以上。大力推进"不见面"审批，实现"粤省事"平台90%以上服务事项零跑动；依托政务服务网和"粤商通"APP平台，建立线上线下相结合的沟通互动机制，为企业搭建诉求响应平台。

3. 广州市越秀区积极探索，构建"数字政府"改革建设创新性成果

广州市越秀区积极落实省、市工作部署，围绕省、市"数字政府"改革建设规范体系，依托"粤省事""粤政易""穗好办"等省、市政务服务新平台和大数据中心、电子证照、可信身份认证等"数字政府"改革建设成果，创新打造"一中心三板块"核心体系。"一中心"为面向领导干部提供决策参谋的"越秀智库"；"三板块"分别是面向居民创新服务治理的"越秀人家"、面向企业便利生产经营的"越秀商家"、面向公职人员深化有呼必应的"越秀先锋"。依托"一中心三板块"的"数字政府"核心体系，越秀区深化应用服务推广，创新"一码通免证办""执业现场云勘查""跨区域通办联办""一件事一次办""VR政务

中心"等智慧服务，在便利企业、群众生产生活的同时为基层减负增效。

4. 佛山市南海区创新服务方式，便民利企高效

南海区紧紧把握"互联网＋"发展大势，构建起"一窗通办、容缺受理、线上审批、线下包邮、自助服务、实时查询"的智慧政务新模式，最大程度便民利企。南海区融合数据资源，大力推进线上线下服务融合，全区网上办事大厅进驻率100%。推行全流程网上办事，通过网上实名认证、电子材料加密、电子签章等技术支撑，全省首推"刷脸"微信办事，实现了群众办事全流程零跑动。推进"四免"专项优化工作：一是推进通过"南海通"APP电子证照功能，窗口扫码实现"免证办"；二是推进通过纸质表单电子化和表单字段数据共享，实现办事"免填表"；三是推进接入"粤省事""粤信签"等省级平台，通过应用电子印章实现"免实体印章"；四是通过电子签名实现"免手写签名"。

三、经验启示

习近平总书记强调，疫情是对我国治理体系和治理能力的一次大考。"数字政府"在支撑广东科技抗疫、打赢防疫攻坚战中发挥了不可替代的作用，从一个侧面印证了近年来广东省"数字政府"改革建设所取得的成就。广东探索开展的"数字政府"改革建设，对政府的运作模式、社会治理与经济发展以及人民群众的生活方式都带来了深刻的影响，改革建设中形成的工作思路和采取的方法措施给人启迪，也是可借鉴的宝贵经验。

（一）改革体制机制，是整合业务数据、破解政务数据孤岛难题的强劲推动力

广东省从变革不适宜信息化发展的体制机制出发，牵住了

"数字政府"改革建设的"牛鼻子",通过撤销各级各类信息中心、成立省市县三级政务服务数据管理局这些重大举措,形成了"统一指挥""统筹推进""全省一盘棋"的崭新格局,既强调"数字政府"改革建设协调发展,要"省市一体",同时也强调各地市要结合自身特点,开创特色应用。广州、深圳争当改革先锋,引领带动全省"数字政府"改革建设;珠三角各地进一步优化整合应用系统,创新开展市级特色应用;粤东、西、北以应用省公共软硬件基础设施为主,逐步优化整合现有应用系统。

"数字政府"体制机制改革从根本上破解了各自为政、数据孤岛难题,既让广东省"数字政府"改革建设走出了一条高效的"集约化"发展道路,同时也为今后彻底打通各层级各部门间数据壁垒,全面实现数据共享开放,构建数字化的"整体政府"提供了强劲动力。

广东"数字政府"建设的体制机制改革强化了各级政府的政务服务、提升了行政效能,是当前推动政府治理体系和治理能力现代化的着力点和突破口,是推进"放管服"改革的重要抓手,是促进政府职能转变的重要动能。

(二)创新政企合作模式,是发挥企业优势、高质量开展"数字政府"建设的关键承力点

"数字政府"建设是一项庞大复杂的系统性工程,需要政府行政侧、部门业务侧以及开发技术侧的紧密配合,三者功能定位各不相同。"数字政府"建设所采用的技术绝大部分都是成熟稳定的技术,已有大量应用实践基础,是辅助政府行政愿景实现的手段。政府行政愿景最终要体现在具体的部门业务上,在对业务流程进行规范化、标准化建设时,往往需要政府行政侧的推动,尤其涉及部门数据共享方面,没有政府行政侧的强力参与,"数字政府"改革建设寸步难行。可见，政府与企业的关系是决定这一庞大系统工程成败的关键。

广东率先提出了"政企合作、管运分离"的创新模式，成功实现了从采购工程向采购服务转变。"管"是基础，政府专职部门设计出以管理、业务、技术为依托的"数字政府"总体架构，制定相关政策和责任清单，以项目打包的方式向企业采购数字化建设服务和运营服务。"运"是关键，企业承担方案设计，提供解决方案、系统管理、数据融合、容灾备份等专业化的技术服务，并设立现场运维团队，保障系统稳定、安全运行。

"政企合作、管运分离"模式的运用，厘清了政府与企业在复杂系统性工程中的边界，政府主导、企业参与，职责明确，分工合作，使知名企业的巨大技术优势、渠道优势、流量优势、基础设施优势得到了充分发挥，既降低了建设运营成本，又提高了效率，形成了统一运营闭环管理机制，这是广东"数字政府"改革建设取得显著成效的关键承力点。

（三）坚持"互联网思维"，是打破传统思维定式、营造便民高效优质的政务服务环境的根本保证

"数字政府"改革建设的本质特征是互联网思维，要主动运用互联网思维去变革不适应"数字政府"发展的传统思维定式，增强系统观念，以数字化转型推动政府职能转变，打造更有为的政府。

"互联网思维"的核心之一是以用户为中心。推进"数字政府"改革建设，就要重视用户感受，把人民群众的需求作为开发各种应用提供政务服务的出发点和落脚点，让群众和企业切身感受到信息化带来的便利。广东"数字政府"改革建设充分吸收"互联网思维"精髓，同时增加对整体性、系统性的要求，形成了"政务互联网思维"。通过政府组织优化与流程再造，提升资源配置与服务效率，打造全覆盖便民惠民服务体系，让群众提交最少的材料、经过最少的环节、获得最好的服务。推进政务信息系统整合，打造统一安全的政务云平台、大数据平台、一体化网上政务服务平台，构建形成大平台共享、大数据慧治、大系统共治的顶层架构，实现互联网和政务服务深度融合，形成政务服务的良好生态。

"互联网思维"与坚持"以人民为中心"的根本立场逻辑上是一致的。将互联网思维和政务服务紧密切合起来，细化、优化、整合群众的各种需求，以用户体验为标准迭代、改进政务服务设计，才能建设好令人民群众满意的"数字政府"，让人民群众在共享互联网发展成果上拥有更多获得感。

四、结束语

广东省在"数字政府"改革建设中通过三大突破，取得了瞩目的成就，但"数字政府"改革建设并非一蹴而就，依然任重道远。

《广东省国民经济和社会发展第十四个五年规划和2035年远景目标纲要》指出，要深入推进"数字政府"改革建设，全面增强政务服务"一网通办"、政府治理"一网统管"、政府运行"一网协同"能力，推动政府治理体系和治理能力现代化，打造全国"数字政府"建设标杆。

可以期待，随着《广东省数字政府改革建设"十四五"规划》的不断推进，以"粤省事""粤商通""粤政易"等"粤系列"平台为核心，必将促进线上、线下各类政府和社会服务渠道的深度融合，构建出"一网、一地、一窗、一次、一机、一码"的"泛在化"政务服务体系，打造出全省统一的横向到边、纵向到底的省、市、县、镇、村五级移动政务门户，实现政府扁平化、整体化、高效化运行，支撑各地政府科学决策，实现政府治理能力和水平的大幅提升，最终建成"智领粤政、善治为民"的"广东数字政府2.0"，力争政务服务水平全国领先、省域治理能力全国领先、政府运行效能全国领先、数据要素市场化改革全国领先、基础支撑能力全国领先。让改革发展成果更多更公平惠及全体人民。

【思考题】

1. "数字政府"改革建设的难点是什么？广东是如何破解难点从而推动广东"数字政府"改革建设走在全国前列的？

2. 在"数字政府"改革建设中如何坚持人民至上理念，使人民群众在共享互联网发展成果上拥有更多获得感？

3. 请思考本单位、本岗位在政务数据共享方面存在的问题，并提出意见建议，助力更好发挥"数字政府"的整体效能。

【附录】广东省"数字政府"改革建设的相关文件*

1.《广东"数字政府"改革建设方案》

2.《广东省"数字政府"建设总体规划（2018—2020年)》

3.《广东省数字政府改革建设"十四五"规划》

---

* 来源：广东省人民政府网站。

做好粤澳合作开发横琴这篇文章[*]

——横琴国际休闲旅游岛建设的探索与实践

【摘要】由于横琴具有毗邻港澳的区位优势以及海岛型生态景观的资源优势，自 2009 年国务院批准实施《横琴总体发展规划》开始，建设与港澳配套的国际知名旅游度假基地一直是横琴的一个重点发展目标。但在发展的起步期，横琴面临着基础设施和服务体系不完善、产业基础薄弱、人流量小、与港澳互联互通不够等问题，休闲旅游业发展仍面临较大困难。

2009 年以来，横琴根据国家的定位，充分利用广东自贸试验区横琴片区的相关政策，按照《粤港澳大湾区发展规划纲要》的要求，在广东省委、省政府的支持下，努力推进与澳门的深度融合，发挥两地旅游综合效益和融合效应，着力打造旅游业品牌，发挥龙头企业的带动作用，强化政策扶持，促进产业快速成长，构建旅游＋产业生态，丰富旅游产品体系，提高对外开放合作水平，加强配套设施的建设和服务体系的完善，休闲旅游业发展全

＊ 本案例由中共珠海市委党校副校长段科锋副教授，中共珠海市委党校市情研究中心教研室杜满昌副教授，中共广东省委党校管理学教研部郭惠武副教授，中共珠海市委党校市情研究中心教研室曾本伟主任，中共广东省委党校管理学教研部张艺琼、杜荃深副教授撰写。

速推进，取得了令人瞩目的成绩，向国际休闲旅游岛的建设目标迈出了一大步。

横琴国际休闲旅游岛建设的探索与实践启示我们，加强互联互通是促进粤港澳三地深度合作的前提和关键环节，强化自身产业优势是横琴更好地完成促进澳门经济适度多元化使命的重要基础，建设完善的基础设施和配套服务体系是城市新区休闲旅游业发展的重要前提，产业融合是休闲旅游业发展的重要路径。

【关键词】 横琴　粤澳合作　国际休闲旅游岛

2018年10月22日，习近平总书记考察横琴新区粤澳合作中医药科技产业园时指出："建设横琴新区的初心就是为澳门产业多元发展创造条件。"2019年5月15日，中共广东省委书记李希到珠海横琴调研时强调："要举广东全省、珠海全市之力，既只争朝夕，又久久为功，多谋长远、全局之策，扎扎实实推动横琴开发建设。"横琴多年来始终秉承澳门产业多元发展这一初心，将休闲旅游业等现代产业作为粤澳合作的重要载体，在配合澳门建设世界旅游休闲中心，高水平建设珠海横琴国际休闲旅游岛方面做出了一系列探索与实践，取得了明显的成绩，尤其是自2019年3月国务院批复《横琴国际休闲旅游岛建设方案》以来，休闲旅游业发展走上了快车道。

一、背景情况

（一）横琴——海岛之蝶变

横琴位于珠海南端，珠江口西侧，与澳门一水一桥之隔，最近处仅187米，总面积约106平方公里，是澳门陆地面积的3倍多。横琴地处"一国两制"的交汇点和"内外辐射"的结合部，其具有独特的地缘优势和天然的资源优势，是粤港澳大湾区中粤澳合作的最前沿阵地，是促进澳门经济适度多元发展的重要平台。

从"蕉林绿野，农庄寥落"的边陲海岛到"大道纵横，高楼林立"的开发热岛、开放前沿，横琴从无到有，迎来蝶变。习近平总书记曾四次视察横琴，亲自为横琴改革发展把舵定向、谋划部署。2019 年 12 月 20 日，习近平总书记参加庆祝澳门回归祖国 20 周年大会暨澳门特别行政区第五届政府就职典礼时指出："当前，特别要做好珠澳合作开发横琴这篇文章，为澳门长远发展开辟广阔空间、注入新动力。"澳门特别行政区行政长官贺一诚在《2020 年财政年度施政报告》中明确表示"横琴是澳门参与粤港澳大湾区建设、融入国家发展的第一站，是澳门经济多元发展的最便利、最适宜的新空间""澳门将加强与广东、珠海合作，做好横琴开发文章"，充分体现了澳门特别行政区对合作开发横琴的高度重视。

开发横琴是国家战略，承载着粤澳深度合作的美好愿景。2009 年 8 月，国务院批准实施《横琴总体发展规划》，明确把横琴作为粤港澳紧密合作的新载体，为促进澳门经济适度多元化发展和港澳地区长期繁荣稳定提供有力支撑。同年 12 月，横琴新区挂牌成立。2015 年 4 月，国务院发布《中国（广东）自由贸易试验区总体方案》，中国（广东）自由贸易试验区珠海横琴新区片区揭牌，横琴成为 21 世纪海上丝绸之路的重要枢纽。2019 年 2 月，中共中央、国务院发布《粤港澳大湾区发展规划纲要》，提出横琴作为粤港澳大湾区合作重大平台，要推进建设粤港澳深度合作示范区。2021 年 9 月，中共中央、国务院发布《横琴粤澳深度合作区建设总体方案》，横琴粤澳深度合作区管理机构正式揭牌，明确横琴粤澳深度合作区是促进澳门经济适度多元发展的新平台、便利澳门居民生活就业的新空间、丰富"一国两制"实践的新示范、推动粤港澳大湾区建设的新高地的重要战略定位。国家对横琴战略定位的逐步深化，体现了对横琴发展始终不变的初心和对改革开放坚定不移的决心。

（二）横琴国际休闲旅游岛——粤澳深度合作新载体

自开发之初，横琴就被赋予了促进澳门产业多元发展的使命，而向粤澳深度合作区的升级，则让这一使命更为突出。澳门是世界旅游休闲中心，旅游业是其支柱产业之一，但旅游业态长期较为单一，且土地资源稀缺导致其发展空间受到制约。作为支持澳门经济多元发展的主要载体，横琴具有海岛型生态景观的资源优势，地理位置独特，生态优良，发展以高端服务业为主导的现代产业，特别是休闲旅游业一直以来都是国家对横琴产业发展的重要部署。

2019 年 4 月，国家发展改革委印发《横琴国际休闲旅游岛建设方案》，使横琴成为继海南和福建平潭之后，国务院正式批复的第三个国际性旅游岛。横琴以海洋岛屿、绿色生态、创新产品等旅游资源优势，形成与澳门高端、国际、现代、人文等旅游业态的良好互补。琴澳两地特色资源联动发展，既能有效弥补澳门空间和资源的不足，又能推动横琴建设成为与港澳配套的世界级休闲旅游胜地，提高其国际影响力。

两地政府对于合作发展旅游业、推进琴澳一体化高度重视。珠海"十四五"规划作出了"加快建设横琴国际休闲旅游岛，携手澳门共建世界级旅游休闲目的地"重要部署。澳门"二五"规划（2021—2025 年）也明确指出要"结合澳门世界旅游休闲中心和横琴国际休闲旅游岛优势，编制深合区旅游发展规划，推动澳门与深合区旅游标准、旅游要素互认互通"。配合澳门建设世界旅游休闲中心，高水平建设珠海横琴国际休闲旅游岛，已经成为琴澳两地实现产业对接、打造命运共同体的重要切入点。

虽然横琴拥有先天的粤澳合作优势，但是琴澳两地行政权力机构、经济制度、财政体系、货币发行制度和司法体制等均存在差异，基础设施建设、资源整合和资本运作等诸方面协调难度较大，这成为横琴国际休闲旅游岛建设的重要障碍。此外，作为海岛的横琴，仍然面临土地空间狭小、人力资源不足、生态环境脆弱等制约因素。面对多种挑战，横琴只有抓住机遇，大胆探索，最大限度发挥特殊区位和先行先试制度优势，才能在横琴国际休闲旅游岛建设中实现创新突破，从而为促进粤澳深度合作提供横琴经验，并为丰富"一国两制"伟大实践提供新示范。

二、主要做法

自国务院批复的《横琴总体发展规划》中明确将休闲旅游产业作为横琴重点发展产业之一以来，横琴配合澳门建设好世界旅游休闲中心，推动全域旅游的发展，呈现出百花齐放的欣欣向荣景象。

（一）推进琴澳深度融合，发挥两地旅游综合效益和融合效应

横琴、澳门致力于实现"你中有我，我中有你"的融合发展道路，通过两种制度的良性结合，促进琴澳两地形成交相辉映、比翼齐飞的发展格局。

1. 科学规划、错位发展

横琴澳门两地唇齿相依，合作互补性很强。琴澳双方在构建休闲湾区，建设粤港澳大湾区世界级旅游目的地的大框架之下，完成了顶层设计。澳门定位为以娱乐业为主体，打造世界旅游休闲中心，而横琴的主要任务是促进澳门经济适度多元化，两地融

合打造世界级旅游主题娱乐都市圈，共同发展休闲旅游产业。如此定位，实现了错位发展和优势互补，充分发挥出两地旅游业的综合效益和融合效应。

2. 联合开发特色旅游产品

琴澳两地联合构建起了"一程多站、综合运营、联动拓展"的大旅游产业链。比如，结合中医药科技产业园的独特优势，与"一带一路"沿线国家开展了中医药旅游推广项目，还充分利用两地特殊优势以及整个粤港澳大湾区的旅游资源，深度整合开发了琴澳两地在会展、休闲观光、健康旅游、体育旅游、文化旅游等方面的资源，推出了更多的琴澳旅游精品路线和产品。

3. 探索旅游通关便利化新机制

横琴和澳门根据合作开发精品旅游路线和特色旅游产品的实际需要，积极探索了两地旅游通关便利化的新机制。为了有效延长旅客在横琴和澳门两地的逗留时间，使旅客更加便利和灵活地往来，琴澳双方允许参与特定旅游项目的旅客在其签注有效期内多次往返琴澳，进一步促进旅客在琴澳两地有序流动，进而持续吸引旅游往来。

4. 加强旅游职业培训深度合作

为全面提升双方的旅游职业培训深度合作水平，两地健全了面向国际市场特别是葡语国家旅游市场的健全培训机制。2019年4月，澳门旅游学院在横琴开展旅游职业培训课程，为横琴星乐度·露营小镇员工提供对接国际标准的服务培训。这是澳门发挥旅游职业教育优势及国际化服务经验在横琴的首次尝试，也是两地积极拓展旅游职业培训领域深度合作的重要起步，使旅游职业培训合作迈上新台阶。

（二）发挥龙头企业作用，形成大规模客流基础

龙头企业对区域产业发展的集聚辐射作用是至关重要的，一个产业的龙头企业落户某地区，则该龙头企业的上下游企业及相关产业的企业会随之落户该地区，从而带动该地区及周边区域经济发展。作为横琴的龙头企业，长隆集团开发的珠海长隆国际海洋度假区起到了汇聚人气，引领横琴休闲旅游业发展的重要作用。

1. 支持龙头企业打造高品质旅游产品

2014 年 3 月 29 日，长隆集团首期投资 300 亿元打造的珠海长隆国际海洋度假区正式开放，之后经过多年的发展，该度假区成为主题内容多样、服务品质一流、国内最知名的海洋旅游胜地之一，其中长隆海洋王国拥有世界最大的海洋主题乐园、海洋鱼类展馆，还有全球最长的飞行过山车，亚洲第一台水上过山车以及庞大的海洋主题花车巡游。长隆海洋王国已三度荣获全球主题娱乐协会（TEA）"杰出成就奖"，是中国首个获得这一业界"奥斯卡"级殊荣的主题公园。2015 年，长隆海洋王国接待游客 748.6 万人次，位列世界主题公园第 13 位，到 2019 年，接待游客规模已达 1174 万人次，位列世界主题公园第 4 位，成为横琴当之无愧的旅游业龙头。

在长隆国际海洋度假区建设发展过程中，横琴相关管理部门在管理职能范围内都给予了很大的支持。一是与长隆集团联合确定项目发展思路和定位。由于长隆是横琴的一个重大项目，对横琴各领域会产生广泛的影响，因此该项目除了符合投资人的经营目标之外，还需符合横琴的发展方向和定位，因此，横琴相关管理部门与企业共同确定了"绿水青山就是金山银山"，扎根旅游，心无旁骛，充分发挥工匠精神，精工细作，贯彻"创新、协调、绿色、开放、共享"的五大发展理念，专注实体经济，不搞资本

运作的发展思路和定位。二是帮助企业获得高端管理咨询服务。横琴先后聘请了麦肯锡、普华永道、IBM 等国际顶尖的咨询公司，以及若干大数据整合、互联网营销、广告策划、财税策划、投资评估、人力资源管理等领域的国内外优秀顾问机构为横琴休闲旅游业的发展提供战略思路，在此过程中咨询机构也进驻长隆，为企业诊断，为发展献策，对长隆明确战略发展方向和优化管理流程起到了重要的作用。三是完善各种人才政策帮助企业延揽人才。横琴不断完善人才吸引政策，并帮助长隆面向全球招聘了一批德才兼备的高级管理人才，所招揽的人才皆同样享受珠海市的各项优惠政策。四是特事特办。面对长隆国际海洋度假区二期、三期发展建设用地的需求，横琴坚持特事特办，依照休闲旅游岛发展的规划，为企业划拨建设用地 3000 余亩，使得长隆的发展进入新阶段。

2. 借助龙头企业优质产品的影响发展旅游业

横琴充分利用了长隆国际海洋度假区的客流量积极发展休闲旅游业。在长隆国际海洋度假区开业运营之前的较长一段时间，珠海旅游业增长乏力，尤其是在 2012 年和 2013 年入境游人数和入境过夜客人数都是负增长，但在 2014 年长隆国际海洋度假区开业以后，珠海的游客人数以及旅游收入实现了快速上升（见表1）。游客量大幅度增加之后，横琴借势推动休闲旅游业全方位发展，助推旅游业向纵深拓展，各类旅游产品和业态大量涌现，横琴休闲旅游业再上大台阶。一是以长隆国际海洋旅游度假区为核心，打造对接港澳全域休闲旅游目的地；以港珠澳大桥为核心，打造澳门环岛游目的地新产品；以创新方狮门娱乐天地文创旅游项目为主导，打造商业、办公、居住等功能高度融合的旅游文创综合体；以横琴岛为重点，打造珠海及珠西地区全域文化旅游目的地。二是依托澳门国际旅游（产业）博览会，积极开展足球、嘉年华等多种形式的文化交流合作，集中展现横琴新旅游品牌形象，同时积极拓展与港澳在旅游、文创、会展、商务等产业领域的合作，加紧构建文化历史、休闲度假、养生保健、邮轮游艇等多元化旅游产品体系，进一步丰富旅游精品和旅游产品。三是以珠机城际铁路为主轴，按照建设全域旅游示范区的发展定位，高标准、高质量、高要求规划整合旅游客运线路，串联全岛旅游交通、旅游酒店、旅游景区等产业要素，以点连线，以线连片，以片结网，打造通达便捷的旅游交通体系、综合旅游配套体系和环横琴岛旅游精品线路。

表1　2011—2018 年珠海旅游业发展简况

指标	2011	2012	2013	2014	2015	2016	2017	2018
境内游客（万人）	2161.6	2319.3	2423.9	2890.5	3121.5	3409.2	3481.2	3797.6
境内过夜客（万人）	1214.8	1298.8	1308.9	1516.2	1615.8	1909.2	1970.4	2126.7
入境游人数（万人）	451.7	438.2	398.7	460.4	471.1	492.1	499.5	513.7
入境过夜客（万人）	320.8	297.6	263.2	292.3	307.9	317.2	318.3	326.0
旅游总收入（亿元）	222.8	235.8	241.8	261.8	277.3	317.1	367.7	466.7
旅游总收入同比增速（%）	1.6	5.8	2.5	8.3	5.9	14.6	16.0	26.8

注：数据来源于横琴管理部门。

（三）强化政策扶持，促进休闲旅游业快速成长

1. 中央定位横琴发展休闲旅游产业

中央一直以来支持将休闲旅游业作为横琴的重点发展产业。2009 年 8 月，国家发展改革委印发《横琴总体发展规划》之后，2015 年 4 月，国务院印发《中国（广东）自由贸易试验区总体方

案》，提出横琴重点发展旅游休闲健康等产业，建设文化教育开
放先导区和国际商务服务休闲旅游基地。2019 年 2 月印发的《粤
港澳大湾区发展规划纲要》，更要求横琴要配合澳门建设世界旅
游休闲中心，高水平建设珠海横琴国际休闲旅游岛。2019 年 4
月，国家发展改革委印发《横琴国际休闲旅游岛建设方案》。
2021 年 9 月，中共中央、国务院发布《横琴粤澳深度合作区建设
总体方案》，强调高水平建设横琴国际休闲旅游岛，支持澳门世
界旅游休闲中心建设，在合作区大力发展休闲度假、会议展览、
体育赛事观光等旅游产业和休闲养生、康复医疗等大健康产业。
（见表 2）

表 2　关于横琴休闲旅游产业发展的系列政策

颁布时间	政策文件	相关要求
2009 年 8 月	《横琴总体发展规划》	重点发展商务服务、休闲旅游等产业
2015 年 4 月	《中国（广东）自由贸易试验区总体方案》	重点发展旅游休闲健康产业；建设国际商务服务休闲旅游基地
2018 年 5 月	《进一步深化中国（广东）自由贸易试验区改革开放方案》	推进横琴国际休闲旅游岛重大项目建设
2019 年 2 月	《粤港澳大湾区发展规划纲要》	配合澳门建设世界旅游休闲中心，高水平建设珠海横琴国际休闲旅游岛
2019 年 4 月	《横琴国际休闲旅游岛建设方案》	配合澳门建设世界休闲旅游中心，建设国家全域旅游示范区和国际一流旅游休闲基地

续表

颁布时间	政策文件	相关要求
2021年9月	《横琴粤澳深度合作区建设总体方案》	高水平建设横琴国际休闲旅游岛，支持澳门世界旅游休闲中心建设，在合作区大力发展休闲度假、会议展览、体育赛事观光等旅游产业和休闲养生、康复医疗等大健康产业

2. 省市大力扶持，促进产业发展

省市层面也对横琴休闲旅游业发展给予了大力支持，如2015年底，珠海印发了《珠海市旅游发展总体规划修编（2016—2030）》，提出珠海将通过全域化发展、国际化引领、产业化融合、一体化建设四大战略，定位为"与港澳共建滨海国际休闲旅游目的地"，将横琴定位为牵引珠海旅游业发展的总牵引和发动机，规定从产业用地、财政投入、人才引用等方面予以保障。2017年底，横琴新区出台《横琴新区促进休闲旅游业发展办法》，并专门设立横琴休闲旅游业建设发展专项资金，由区旅游行政主管部门专项使用，区财政部门审核监督。专项资金采用奖励、补贴等形式支持休闲旅游业发展。该办法提出，对新获评国家5A级旅游景区、国家4A级旅游景区的，分别一次性给予1000万元、500万元奖励。对新获评五星级酒店、四星级酒店的，分别一次性给予300万元、100万元奖励。对门票年销售量达到一定数量的，每年按照当年经税务部门认可的门票销售净收入全额的0.5%至1%予以奖励。此外，对横琴休闲旅游业有重大促进作用的节事、赛事等活动，对同一项目可给予最高不超过1000万元的补贴。2018年，横琴扶持和奖励区内重点旅游项目资金超过6000万元。

3．澳门积极协同，一体化趋势加速

澳门特区政府深知澳门自然资源较为匮乏，通过区域合作，尤其是与珠海横琴的融合发展，能提升澳门旅游容量、丰富旅游产品，刺激区内居民区内旅游活动，并吸引更多区外旅客进入。因此，特区政府采取种种举措，积极配合横琴发展，澳琴一体化发展提速。其主要举措包括：一是在"一带一路"沿线国家推广澳门旅游，协助业界推出更迎合市场的旅游产品，拓展"一程多站"联线旅游；二是深化与珠海的旅游合作，包括扩大范围，完善相关服务，共同建设海洋产业集群和高端服务产业集群；三是积极参与横琴岛开发建设，尤其是发挥澳门在旅游方面的优势，把澳门、横琴打造成为粤港澳大湾区的"旅游教育培训基地"；四是充分利用粤港澳大湾区城市旅游联合会及各区域合作机制，推动大湾区旅游建设和联合旅客行为研究，为大湾区旅游形象定位、"一程多站"旅游路线及产品的整合开发提供科学依据；五是组织海外业界和媒体经港珠澳大桥进行大湾区畅游，鼓励业界策划更多主题路线；六是持续与珠海共同举办多项广受欢迎的大型体育盛事，借此激发游客的运动兴趣，丰富旅游体验，同时，借助体育的品牌效应，为两地文化创意产品提供宣传；七是推动"智慧旅游"发展，推出全新的澳门旅游推广网站，开展旅游信息交换平台数据收集及发放工作，构建与横琴一体化发展智能旅游大数据库；八是迅速跟进澳珠旅游纠纷个案，维护旅客权益和澳门、珠海旅游城市的形象；九是加快跨境基础设施互联互通，推进粤澳新通道建设，落实莲花口岸迁至横琴，探讨与珠海城际客运票务支付联通的方式，探讨和推动将澳门纳入珠三角西岸高铁规划等。

4. 解放思想，探索新的运行机制

横琴在多个领域出台旅游业支持政策。在旅游执业方面，横琴支持港澳合法导游、领队经横琴旅游主管部门培训认证后，换发证件，在横琴执业。在投融资和税收政策方面，《横琴新区企业所得税优惠目录》中增列了有关旅游产业。在金融政策方面，支持符合条件的旅游企业开展集团内跨境双向人民币资金池业务，支持探索开展以资本项目可兑换为重点的外汇管理改革试点。在用地用海政策方面，允许特大休闲旅游项目在海拔 25 米等高线以上修建与经批准的规划内容相符的游乐建筑和配套设施。在人才政策方面，与澳门合作设立了国家旅游人才教育培训基地，率先实现了港澳旅游行业人才单向认可。

（四）构建旅游+产业生态，打造高品质休闲旅游产品体系

推动优质资源整合，构建旅游+产业生态，是横琴休闲旅游业加快发展做大做强的必由之路。横琴构建的旅游+产业生态整合了产业链上下游、相关产业、商业配套、自然景观等要素资源，为产业竞争力的提升奠定了基础。

1. "旅游+"金融服务

创新消费金融产品。横琴在金融领域做出了在全国属于首创的多项举措，为消费金融产品助力休闲旅游打下了良好基础。2013 年 9 月 25 日，横琴首创银联多币卡。该卡集合多种外币账户，在境内以人民币结算，在境外以当地货币结算，无需货币转换。2014 年 5 月 8 日，横琴在全国率先启动个人本外币兑换特许机构，全国首笔人民币借记卡刷卡兑换业务成功获得受理，有效解决了以往现钞兑换造成的不便。2015 年 6 月，横琴又在全国首发跨境公交金融 IC 卡，只要手持金融 IC 卡，就可以闪付支付乘坐穿梭巴士的费用，为琴澳两地旅客的公交穿梭提供了支付便利。

创新境外融资工具。珠海大横琴集团有限公司创新境外融资工具，探索境外融资，为横琴的基础设施建设服务，为横琴的企业融资服务。一是在境外发行债券。2014 年 12 月，珠海大横琴投资有限公司在香港特别行政区成功发行 15 亿元人民币债券，债券期限为 3 年，票面利率为 4.75%。2019 年 11 月 20 日，澳门国际银行助力珠海大横琴公司成功发行双币种境外债券。此次成功发行了 3 年期美元债券和 2 年期人民币点心绿色债券（RegS），双币种合计发行规模折合人民币约 40 亿元。二是在境外发行中短期票据。2020 年 8 月，珠海大横琴集团有限公司成功发行 2021 年度第一期中期票据和 2021 年度第一期超短期融资券，其中：中期票据发行金额为 16 亿元，期限为 5 年，票面利率为 3.64%；超短期融资券发行金额为 2 亿元，期限为 270 天，票面利率为 2.70%。2016—2020 年底，大横琴集团在银行间市场共计申报 3 次中期票据额度，总额为 178 亿元；共计发行 6 次中期票据，总额为 107 亿元。

2. "旅游 +" 文化创意

充分发挥横琴在促进旅游休闲产业和文化创意产业发展领域的政策优势，以创新方、香洲埠文化中心、中国紫檀博物馆横琴分馆等项目为载体，引导休闲旅游与文化创意实现双向融合。

创新方是香港丽新集团在横琴打造的国际休闲旅游多元娱乐项目，集国际品牌及多元娱乐体验于一体，为不同年龄段、不同喜好的宾客缔造高参与性和个性化的体验。创新方内容包罗万象，其中一期项目包括全球首座狮门影业国际电影主题乐园——狮门娱乐天地、华南首家高科技室内亲子娱乐项目——横琴国家地理探险家中心和横琴凯悦酒店及概念零售餐饮等内容，建构适合不同年龄层宾客的食、买、住、玩一站式休闲体验。二期重点内容则包括皇家马德里足球世界、杜卡迪摩托车主题体验中心以及横琴哈罗礼德学校等高端项目。

香洲埠文化中心涵盖川、晋、徽、海派、岭南等中国最具代表建筑风格，采用宽街、窄巷、四合院传统制式布局，由 600 名与杜甫草堂、大慈寺同宗同源的非遗工匠，以曲阳石雕、东阳木雕、徽晋砖雕、川西灰塑、河北铜雕等五大非遗工法精雕细琢，历时 5 年潜心营造，并已引进故宫紫禁书院、原道文化博物馆、国粹馆、二程理学书院、大师艺术中心，以及 13 家国家级工艺美术大师工作室、丽世精品文博酒店、米其林餐厅、精品私房餐饮等。

中国紫檀博物馆横琴分馆是中国紫檀博物馆在首都以外的地区建立的首家分馆，以极具特色的明清建筑风格打造，邀请故宫专家设计指导，馆藏珍品 400 多件，荟萃中国紫檀博物馆出品的紫檀艺术珍品。

3. "旅游＋"商业配套

励骏庞都广场是葡式风格建筑的艺术型商业综合体，也是横琴新晋网红打卡地，以零售、餐饮、旅游业态为主。由澳门知名建筑师参考 17 世纪葡萄牙曼奴式风格，并融入澳门特色设计而成。无论是追求多元购物体验，寻找特色餐饮美食，还是搜罗时尚文化，励骏庞都广场都会是商业风向标。

4. "旅游＋"赛事盛会

横琴着力打造永不落幕的节事赛事盛会，全力跻身全球休闲旅游目的地第一方阵。已成功举办中国国际马戏节、横琴音乐节暨雏菊音乐嘉年华、珠海莫扎特国际青少年音乐周、中国女子职业高尔夫球巡回赛、中国·横琴中拉标准舞/拉丁舞国际锦标赛、横琴天沐河名校赛艇邀请赛、珠海网球冠军赛、横琴马拉松、全国草地掷球锦标赛等节事赛事，为横琴国际休闲旅游岛建设深刻融入国际元素、国际品质。

5. "旅游+"自然景观

横琴芒洲湿地公园位于横琴新区西北角，对市民和游客免费开放。公园内种植各类湿地植物和高低有序的耐湿林木，配以野趣盎然的芦苇、蕉林，人们可以走在木栈道上遥望滩涂上栖息的鸟儿，或驻足水边观察嬉戏的鱼儿。园区内建有"三台揽月""栖霞观鹭""渔歌唱晚""九曲莲桥""放生广场""景观树瞭望塔"等独特的湿地景观。

横琴花海长廊位于横琴琴海北路，全长约 13.6 公里，以营造花海景观为特色，根据不同花期，自东向西大面积种植了美丽异木棉、凤凰木和木棉三种开花乔木。每到深秋初冬这里的 7000 多株美丽异木棉树上一片粉红色，沿着海滨绵延六七公里长，形成一条壮观的粉色花海长廊。

天沐河生态长廊位于珠江口西侧，大小横琴山郁郁葱葱，两山夹隔着宽阔水域，形似琵琶，此乃天沐河。一河两岸生态廊道，沿全长 7.2 公里的天沐河而建，形成极具横琴文化特色的景观。

（五）提高对外开放合作水平，全面提升休闲旅游国际化程度

近年来，横琴不断加强对外经济交流与合作，抢抓发展机遇，坚持"走出去"与"引进来"相结合，努力营造国际化、法治化、市场化和便利化营商环境，推动了国际休闲旅游岛建设。

1. 管理水平国际化

为提升旅游管理服务水平，横琴全力推进中拉合作，通过配合澳门建设中国与葡语国家商贸合作服务平台，构建国际交往机制。着力推动与"一带一路"共建国家交流合作，目前与共建国家在促进客源互动、联合拓展旅游市场、加强旅游业管理等方面已开展了实质性合作，全面提升了旅游管理和服务水平。

2. 规则制度国际化

按照《横琴国际休闲旅游岛建设方案》，横琴创新了休闲旅游行业标准和认证，重点联合港澳共同打造了区域领先、与国际接轨的区域旅游质量认证体系，建立起了与国际通行规则相衔接的旅游服务标准认证体系。横琴通过引入澳门"诚信店"管理机制、制定旅游市场黑名单管理办法、建立旅游市场全过程综合监管机制等举措，逐步建立起旅游要素诚信体系和旅游市场监管综合管理体系，为休闲旅游产业的有序健康发展"保驾护航"。

3. 探索建立国际自由港

自由港是当今世界最高水平的开放形态，具有高水平的自由开放和完善的基础设施两大属性。横琴一直学习借鉴港澳国际自由港的先进经营方式、管理方法，探索更加灵活的政策体系、监管模式、管理体制，打造趋同港澳的营商环境。横琴与澳门发挥"一国两制"的制度优势和特别的区位优势，逐步开拓了葡语国家旅游市场。如中葡法律"一条龙"服务产业链，为旅游等相关产业人士提供商事投资法律咨询、商事法律知识（人才）培训、商事法律服务公证、商事法律纠纷仲裁等一条龙服务。还培养一批了解国际市场的旅游产品设计和市场推广人才，让中国旅游产品走向世界，吸引更多的国际游客到横琴来。

（六）加强配套设施建设，促进休闲旅游智能化、便捷化

横琴深知"树高千尺需根深"，自开发建设伊始，横琴就将国家赋予的政策优势化为大干一番的底气，率先打响基础设施攻坚战，不遗余力地化基建短板为后发优势。

1. 加大投资力度

多年来，横琴新区的开发者将市政基础设施建设作为横琴开发的先行和先导，谨遵"高标准、高质量、高速度"的要求，以"打百年基业，铸良心工程"为目标。横琴新区基础设施高规格推进，横琴的基础设施投资从 2009 年的 19.08 亿元，跃升至 2012 年的 165 亿元，2018 年跃升至 400 多亿元，截至 2021 年底，横琴基础设施投资已经超过了 1500 多亿元。

2. 完善休闲旅游配套设施建设

横琴引进了国际一流商业主体，发展了大型购物商场和商贸中心，打造了以港澳旅游特色商品为主的跨境贸易电子商务平台，解决了旅客"拎包购物"问题。2009 年以来，横琴始终将基础设施建设作为横琴开发的先行和先导，高起点规划、高质量建设、高速度推进，筑造着这个 106 平方公里小岛的"百年基业"。

3. 推进互联网国际化建设

横琴大力推进横琴与港澳在旅游交通、信息和服务网络等方面互联互通，游客在横琴岛上可以畅游国际互联网。横琴还于 2014 年建成了全国首个电子围网，这个围网总长约 53 公里，对横琴二线 6 类 35 个卡口通道进出车辆、货物和环岛实行全天候、全方位、智能化监管，使横琴成为真正意义上"特区中的特区"，形成了网络互联、信息互通、旅客互送的区域性旅游岛。

4. 构建起了高效便捷的交通格局

横琴岛内"两横一纵一环"的城市主干路网已基本建成，打通了全岛经济社会发展的"奇经八脉"。莲花大桥、横琴大桥、横琴二桥、马骝洲隧道、金海大桥使横琴与岛外畅通无阻，贯穿全岛的广珠城轨，可从横琴直达广州乃至全国，而广珠城轨延长线还将与澳门轻轨在横琴口岸实现无缝换乘对接。随着港珠澳大桥建成通车，横琴到香港仅需半个小时。横琴还打造了被称为"智慧城市大动脉"的地下管廊项目，该管廊长 33.4 公里，已纳入电力、通信、给水、中水、供冷、垃圾真空及冷凝水管 7 个系统的管线。

5. 建设新口岸

2020 年 8 月，新横琴口岸启用，新口岸实行"合作查验、一次放行"的新通关模式，经合作自助通道过关，最快一分钟内就能从珠海到澳门。新横琴口岸设计日通关流量达 22.2 万人次，年通关量达 8000 万人次，两地往来更快捷。另外，为配合横琴口岸的整体发展计划，根据《全国人民代表大会常务委员会关于授权澳门特别行政区对横琴口岸澳门口岸区及相关延伸区实施管辖的决定》，除澳门轻轨延伸横琴线项目的建设外，澳门大学连接横琴口岸通道桥亦是其中一项工程，项目从莲花大桥改建匝道预留出、入口，设置两条匝道桥与澳门大学连接，配套建设引桥接入校内路网体系。届时，从澳门大学到横琴口岸只需数分钟，方便澳门大学师生往来澳门和横琴。

三、经验启示

横琴从一个渔民小岛起步，不辱使命，锐意进取，开拓创新，逐步在粤港澳三地联结之处建立起一座现代化、国际化的新城，成为粤港澳大湾区的重要发展平台和全国最热门的滨海旅游目的地之一，我们有理由相信，一个面向未来、国际品质、生态优先、协同发展、智慧支撑的"国际休闲旅游岛"必将横空出世、琴鸣天下！横琴在国际休闲旅游岛建设过程中的具体做法和取得的经验，对于全面推进粤港澳大湾区建设、促进新城新区的开发以及推动地区休闲旅游业的发展等，都具有较好的启示意义。

（一）加强互联互通是促进粤港澳三地深度合作的前提和关键环节

粤港澳大湾区建设的重要目标就是通过三地的深度合作，最大限度地利用三地的特殊优势，全面增强湾区的整体竞争力。而这一切建立在区域内要素和商品充分、自由流动的基础上，粤港澳之间的交通便利化以及规则制度衔接又是重要的前提。作为粤港澳深度合作发展的前沿和试验场，横琴在国际休闲旅游岛建设过程中，发挥自身优势，着力增强与港澳的连通性，推进与港澳的全方位对接和合作，有力促进了当地休闲旅游业的发展。在物理连通方面，2018年，港珠澳大桥的开通让横琴直接处于粤港澳三地的交通衔接地带，横琴与港澳的交通运输成本大幅度降低，成为三地游客汇聚之地。在规则制度衔接方面，横琴作为广东自贸试验区的片区之一，学习借鉴澳门自由贸易港的先进管理方法，对标高标准国际经贸规则，建立与国际通行规则相衔接的旅游服务标准认证体系，促进琴澳旅游通关便利化，加强琴澳旅游职业培训合作，联合开发旅游精品线路。在互联互通不断推进的情况下，港澳旅游业的企业和投资者逐步在横琴休闲旅游领域进行投资和经营活动，澳门和香港有关企业投资或合作参与的励骏庞都广场、创新方等项目为横琴休闲旅游产品体系的形成起到了重要的推动作用。未来，随着粤澳深度合作区的建设，借助澳门世界旅游休闲中心的优势，横琴将加快向国际休闲旅游岛迈进的步伐。横琴的实践成绩充分说明，在粤港澳大湾区建设过程中，逐步消除地区间壁垒，促进三地全方位的流动和融通，是形成大湾区整体合力的重要前提和关键环节。

（二）强化自身产业优势是横琴更好完成促进澳门经济适度多元化使命的重要基础

横琴要较好完成促进澳门经济适度多元化这一使命，其关键就是要为澳门资本和劳动者提供相比于博彩业更好的投资机会和就业机会，而这必须建立在横琴产业优势的基础上。现代社会，地区产业的发展很大程度上取决于一个地区是否具有规模经济，即需求规模、要素规模和产业规模。横琴只有在自身产业达到一定规模，产业具有较高的竞争力以及人口和劳动力具有较高的集聚水平时，才能够为资本创造新的投资空间、为劳动力创造新的就业机会。横琴在开发初期，虽然拥有较为充裕的土地空间，但产业发展基本上是一张白纸，在随后的发展过程中，横琴在自由贸易区优惠政策的基础上，不断优化营商环境，培育新兴产业，扶持重点企业，逐步建立起多元化的现代产业体系，产业规模和竞争力逐步凸显。尤其是在长隆海洋王国的带动下，休闲旅游业得到了快速发展，成为全国滨海休闲旅游的重要目的地。在产业优势不断形成并得到强化以后，横琴的投资机会开始持续涌现，澳门的企业也更加积极地参与到横琴的发展过程中，也有更多的劳动者到横琴就业创业。因此，总体看来，横琴只有通过"左手横琴、右手澳门"的发展模式，不断发展壮大其产业基础，才能为澳门经济适度多元化提供有力的支撑。

（三）建设完善的基础设施和配套服务体系是城市新区休闲旅游业发展的重要前提

休闲旅游业发展的直接体现就是来自四面八方的人流汇聚，而一个地区要成为全国乃至全世界游客的重要旅游目的地，除优质的旅游资源外，还需要有完善的基础设施和配套服务。城市新区一般是与城市中心区距离较远的未开发区域，其基础设施和公共服务往往比较薄弱，而且，在发展之初，新区的居民和就业人口规模较小，产城融合水平不高，其人口规模与基础设施和公共服务的良性互动还没有形成，因此，在发展休闲旅游业过程中，大力推进新区的基础设施的建设和完善公共服务是一个重要前提。横琴作为一个四面环水的海岛，在开发早期，交通更加不便利，因此，横琴在发展休闲旅游业方面的难度尤其大。横琴认识到这一点，持续将较大比例的财政资金投入到道路、交通、能源、信息等基础设施的建设上，同时全面提升公共服务体系，并着力打造旅游服务网络体系和配套设施，为横琴休闲旅游业的大发展打下了良好的基础。由此看来，各类城市新区要发展休闲旅游业，一个重要的先导性因素就是基础设施和配套服务体系的完善，相关的管理部门有必要多方筹集资金，不断完善和提升地方发展的基础性条件。

（四）产业融合是休闲旅游业发展的重要路径

随着技术发展和居民收入水平上升带来的消费需求多元化，现代经济中产业融合的趋势越来越明显，消费者在消费某一产品过程中要求实现多方面的消费目的，企业在供给产品时也会考虑其多方面的用途。休闲旅游作为最有前景的居民消费领域之一，其具体的消费模式和产品特征正呈现出多元化的发展趋势，消费者旅游休闲活动中的多样化消费目标使得休闲旅游业难以与其他行业明显剥离，因此，一个地区要实现休闲旅游业的发展，就必须注意推动产业之间的深度融合。横琴抓住这一产业发展趋势，充分发掘优势，促进休闲旅游业与本地区各类产业的充分融合，构建了"旅游＋"金融服务、文化创意、商业配套、赛事盛会、自然景观等"旅游＋"产业生态体系，既拓展了休闲旅游业发展的空间，也促进了全岛产业资源优化整合。未来，横琴持续建立起来的产业生态体系必将为其国际休闲旅游岛的建设提供重要支撑。横琴这方面的发展经验说明了在技术快速更新的今天，地方在发展主导产业，构建现代产业体系，尤其是发展休闲旅游业过程中，应充分把握产业融合发展的特征和趋势。

【思考题】

1. 在粤港澳大湾区建设过程中，实现粤港澳互联互通的关键环节有哪些？

2. 如何理解和把握横琴在促进澳门经济适度多元化的过程中的特殊作用？

3. 城市新区在培育和发展壮大产业过程中需要注意哪些关键问题？

让农业成为有奔头的产业[*]

——江门新会推动陈皮产业高质量发展

【摘要】新会陈皮是中国传统道地药材，也是"广东三宝"之首，有着悠久的历史，承载着无数代新会人对家乡的情怀，陈皮文化源远流长。但长久以来，新会柑（陈皮）产业普遍采用一家一户分散经营的模式，产业发展水平低，存在规模不大、效益不高、缺乏统一的产业标准体系、从业人员老化、市场竞争无序等一系列问题。传统的农业生产方式严重地制约了它的发展。

党的十八大以来，新会区委、区政府从战略高度重视三农问题的解决，通过强化种质资源保护；全力打造国家地理标志产品保护示范区；狠抓新会柑（陈皮）产业标准体系建设；着力推进加工生产产业要素实现集群化；激发市场主体科技创新的积极性，推进产品体系丰富化和加工产业结构高级化；创造性地探索一二三产大融合新型经营模式；以文化元素扩大和提升新会柑（陈皮）产业的市场空间等一系列切实有效的举措，动员各方力量，以实现农业高质量发展为目标，狠抓新会柑（陈皮）产业的转型

---

* 本案例由中共江门市委党校（江门行政学院）副校（院）长熊薇，中共广东省委党校（广东行政学院）管理学教研部潘艳副教授、黄丽霞副教授，中共江门市委党校（江门行政学院）经济学教研室黎彩眉讲师、副主任卫中旗副教授撰写。

升级，积极推进新会柑（陈皮）产业种植体系、加工生产体系、经营体系的现代化建设，打造了"大基地＋大加工＋大科技＋大融合＋大服务"的五位一体现代农业产业园发展格局，通过构建现代农业产业体系，走出了一条新会柑（陈皮）产业高质量发展的现代化道路。新会柑（陈皮）产业发展的改革探索为以构建现代农业产业体系，实现农业高质量发展来带动乡村振兴、农民富裕，提供了宝贵的可借鉴经验。

【关键词】 新会柑　新会陈皮特色农业产业高质量发展

当前，我国农业正处在转变发展方式、优化产业结构、转换增长动力的攻坚期。习近平总书记指出："现代高效农业是农民致富的好路子。要沿着这个路子走下去，让农业经营有效益，让农业成为有奔头的产业。""加快构建现代农业产业体系、生产体系、经营体系，推进农业由增产导向转向提质导向，提高农业创新力、竞争力、全要素生产率，提高农业质量、效益、整体素质。"《广东省实施乡村振兴战略规划（2018—2022年）》针对广东农业生产供给质量不高、效益偏低等问题，明确提出要以提高发展质量和效益为中心，推进农村一二三产业融合发展。江门市新会区坚决贯彻习近平总书记的重要讲话及指示精神，紧紧围绕党中央及广东省委工作要求和部署，20余年来持续推进新会柑（陈皮）特色产业的现代化建设，使新会柑（陈皮）产业由濒临灭迹蜕变成为全省乃至全国农村产业发展和乡村振兴的成功典范。

一、背景情况

（一）岭南有佳果，佳果有奇效

新会地处珠江三角洲的西南部，有西江和潭江两大水系贯境而过，其中，潭江在中南部与西江支流的江门水道、虎坑河汇集于银洲湖，南流经崖门出海，形成了东部、中部、南部的冲积平原。肥沃、温暖、湿润的气候正是适合柑橘生长的优良环境，三水交汇形成的独特的咸淡水自然环境更使之得天独厚。在独特的自然环境、气候条件、栽培技术和种植规模的共同作用下，造就了独具特色的新会大红柑（学名茶枝柑）。

新会大红柑是一个果药兼用的独特品种，果肉、果皮、果核都可入药，可谓小小柑橘浑身是宝。其中陈皮（新会大红柑皮干燥后，经三年以上贮藏"陈化"而为陈皮）的药用价值历史悠久。早在秦汉时期的《神农本草经》里就有记载陈皮性味辛、苦、温，入脾经、肺经，有行气健脾、降逆止呕、调中开胃、燥湿化痰之功；明代李时珍在《本草纲目》中也记载了陈皮的理气功效，并指出陈皮"今天下以广中（即新会）来者为胜"。新会陈皮以其含挥发油种类最多、含黄酮类化合物、橙皮苷含量最高而成为中药中理气之珍品，备受青睐。因此，新会柑的种植及新会陈皮的晒制在新会已有 700 多年的历史，是新会蜚声海内外的传统农业手工业。

（二）历史上产业历经多次大起大落

新会柑（陈皮）产业的发展并非一帆风顺，特别在 1930—1999 年近 70 年的发展历程中，该产业的发展峰谷交替频繁，呈现出三起三落之势。

第一个峰谷期：1930—1949 年。其中，1930—1939 年 4 月日军侵占会城前这段时期被称为广东经济的黄金时代，繁荣的市场，畅通的内外销售，使柑橘种植收益大于种稻、种桑，农民纷纷将稻田改种柑橘。1936 年柑橘种植面积达 7.274 万亩（1 亩 ≈ 666.67 平方米，下同），远销香港、南洋和国内各大中小城市。

但是，由于盲目扩大种植，对产出的消化模式仍是单一的售卖鲜果套现，产出严重供过于求。1935 年开始出现产销失衡，价格猛跌。而此时适逢大量品质优、包装精美的美国"金山橙"开始向世界各地及中国倾销，给新会柑橘的出口造成了极大的冲击，加之 1939 年 4 月日寇侵占会城，交通阻塞、粮价高涨、柑价大跌，果农被迫砍树种粮。当时，全县柑橘树被砍伐达六成之多。新会柑（陈皮）产业走向低谷。

第二个峰谷期：1949 年新中国成立至 1976 年。作为珠三角地区柑橘主产区的新会，其柑橘生产的发展对国计民生发展有着举足轻重的作用，因此，当时的粤中专员公署非常重视新会柑橘生产的恢复和发展，由公署农业技术推广站派出园艺队进驻新会，在东甲建立果树技术推广站，并以五和农场为基地开展上山种果的技术研究，柑橘生产得到迅速的发展，1968—1971 年，柑橘种植面积已达 3.36 万亩。但是，受"文化大革命""左"倾思潮的影响，柑橘种植面积、产量迅速下降，到 1975 年，全县柑橘橙种植面积只有 1.6 万亩，总产量仅有 385 吨，成为新中国成立后产量最低的一年。

第三个峰谷期：1976 年"文化大革命"结束至 1999 年。乘党的十一届三中全会的东风，新会县委、县政府明确提出"发挥优势，振兴新会，种果致富，柑橘首位"的战略思想，把发展柑橘生产作为新会发展的重中之重，各级政府一把手亲自抓柑橘生产，并把柑橘种植任务的完成情况作为干部岗位责任制的考核内容之一。出台一系列优惠政策，并积极抓智力投入，推广柑橘种植先进技术。大力抓柑橘种苗优良品种繁育、柑橘生产基地建设。上述努力迎来了 20 世纪 80 年代中后期新会柑橘生产的大发展。到 1988 年，全县柑橘种植面积 12.6898 万亩，创下历史高峰。

1991 年，全县柑橘产量 14.3347 万吨，是新会历史上产量最高的一年。生产迅猛发展带来产量急增的同时，政府忽略了对市场需求的引导，使市场上的新会柑原果严重供过于求，鲜果滞销，柑价暴跌，直接导致果农经营亏本。柑贱伤农，大量柑园被弃管，导致爆发了 20 世纪 90 年代初期大面积的黄龙病（对柑橘而言这是不治之症），1991 年后的 5—6 年的时间里，新会柑橘的种植面积以平均每年 2.3 万亩的速度萎缩，到 1996 年，新会柑橘的种植面积骤减至 700 亩，总产量不足 350 吨。原来庞大的新会柑（陈皮）产业几乎全军覆没，与之相伴的是新会原枝柑遭受重创，几近灭迹。

（三）产业发展长期处于小、散、弱、低（端）状态

纵观 1930—1999 年近 70 年间新会柑（陈皮）产业的三次大起大落，最主要的原因在于这个产业自身的发育尚停留在传统农业产业的常见状态上，产业发展长期处于小、散、弱、低（端）状态，而陈皮仅仅作为一种调味品和辅助药品的慢销、窄销特点加剧了这种状态。具体而言，一是产业发展的焦点主要集中在种植环节，而种植环节又处于小、散、弱的状态。长期以来，新会柑的种植均以农户小生产为主，缺乏科学管理，标准化程度很低，对品种老化、土质保育、农药化肥等的使用及农药残留的处理、果树病虫害的防治、柑橘黄龙病的预防等一系列问题，缺乏科学、有效的管理和解决办法。这些问题严重地制约了新会柑（陈皮）产业的做大做强。二是对产出的消化模式以卖鲜果套现为主，二产加工环节弱、散、短、低（端）。新会柑果皮变为新会陈皮，至少要经过三年的陈化，而且，陈化的年份越久，其药性越醇、药用价值越高。但陈皮的慢销、窄销特点和地域性又限制了它的市场空间，受此影响，大部分果农选择的是卖鲜果套现。新会陈皮的晒制多为家庭小作坊式，散而参差不齐，缺乏技术、缺乏标准；产品加工处于初加工状态，成品种类极其有限，附加值低，名气弱，加工产业链呈现短、小、弱的状态，每年因晒制陈皮而丢弃的果肉也成为当地严重的环境负担。虽然陈皮的药用价值高，但受习惯和技术限制的影响，新会陈皮被当作新会柑的副产品，致使新会柑（陈皮）产业长期停留在传统农业的"种植—卖初始农产品—再种植"的农业产业低级循环形态，严重制约了新会柑（陈皮）产业的升级发展。三是陈皮的慢销、窄销及消费地域特性局限了它的市场空间。受地域饮食习惯、文化以及历史形成的陈皮消费特点的影响，新会柑、新会陈皮的传统市场空间长期以来比较集中、狭小、单一，主要分布在两广地区及国内少数城市，如重庆、上海等，也主要作为中药验方的和药以及膳食中的调味。改革开放开启并加速了人口的流动，国内区域市场的界限已明显被打破；生活水平的提升使人们的消费观念发生了极大的变化，对高质量农副产品、大健康产品的消费需求倍增。然而，这些来自市场的变化并没有及时得到重视和研究开发。

在新会柑（陈皮）产业遭受重创后的 1999 年至 2013 年间，新会柑种植面积一直维持在 1 万亩左右，产量在 1 万至 2 万吨之间。成为果农没钱赚、政府没税收的弱势产业。对这个承载着新会 700 多年历史，联系着新会千家万户的传统特色农业产业，新会区委、区政府就其发展该如何决策？面对几百年传统的生产经营惯性，政府将如何带领该产业解决产出的地域性与产品市场需求广度、深度开发结合的问题，带领农民通过该产业致富，使陈皮产业真正成为有奔头的产业？

二、新会柑（陈皮）产业高质量发展探索实践

为使新会柑（陈皮）这一百年产业得以复兴和发展，新会区

委、区政府自 2000 年开始，从挽救柑橘种植入手，组织农业龙头企业、有关农业专家和有经验的种植户共同制定标准，首先解决病害以及品种退化问题。经过不懈的努力，在政府、协会、企业和社会各界的积极推动下，新会陈皮的文化和产业得以健康成长，全行业在健康生产、研发加工、扩展延伸产业链、协作营销和新会陈皮文化等方面取得了较大的发展，产业呈不断扩张的态势。2020 年，在新冠肺炎疫情的背景下，新会陈皮充分发挥理气佳品的特性，新会柑（陈皮）产业收获了可喜的发展成果。全区大红柑种植规模达 10 万亩，鲜果平均产量 2500 斤/亩，总产量 12.5 万吨左右，平均单价 5 元/斤；陈皮初级产品产量约 7000 吨，产值约 12.5 亿元。新会柑（陈皮）商事主体 1000 多家，加工经营企业超 240 家；与国家及广东省的医药科学、农业科学、生物科

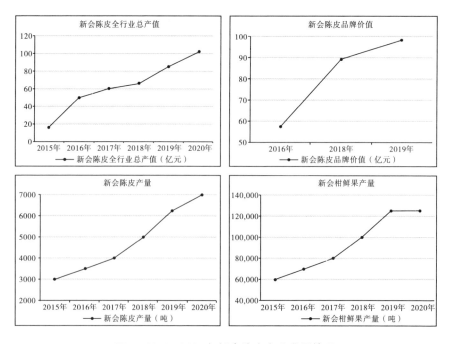

图 1　2015—2020 年新会陈皮产业发展情况

学等多家研究机构构建了长期的密切合作关系，加工产品的广度、长度、深度和精度不断发展，已形成药、食、茶、健和文旅、金融等六大产业态势；全行业年产值由 2000 年的 2000 多万元增长到 2020 年的 102 亿元。新会柑（陈皮）产业已迈上高质量发展的轨道。乘着大健康市场需求不断扩大以及高新技术研发成果不断涌现的强劲势头，在新会区的"十四五"发展规划中，新会柑（陈皮）产业的产值目标被确定为 500 亿元。新会柑（陈皮）产业以高质量发展的态势正朝着主导产业方向坚实地迈进！

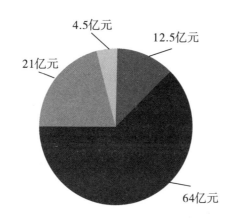

图 2　2020 年新会柑（陈皮）全行业产值构成

新会柑（陈皮）产业之所以一路向好，一方面受消费大市场健康养生热潮的催化影响，另一方面也与当地政府顺应民心民意民情，从 20 世纪末开始的 20 多年来，矢志不移地积极对新会柑（陈皮）产业发展进行一系列的改革探索有关。梳理新会柑（陈皮）产业这 20 多年来的发展路径，政府主要采取了如下几个方面的措施：

（一）强化种质资源保护，从源头保障产业发展

种性不良或苗木疫病控制不好，产业就会不安全，为此，新

会区主要通过强化良种保护与选育、立法保护等举措加强新会陈皮种质资源保护。一方面，通过强化良种保护与选育，提高其品质和抗逆性，加强道地新会陈皮资源保护。另一方面，通过立法对新会陈皮进行保护。2020年，《江门市新会陈皮保护条例》获广东省十三届人大常委会第十九次会议批准，于当年7月1日起实施。这是江门市针对单个地理标志保护产品进行立法的第一部实体法规。该条例的主要立法目的，是对新会陈皮的种、柑、皮以及生产工艺、产地环境等进行全方位保护。

（二）全力打造国家地理标志保护产品示范区，强化新会柑（陈皮）的道地特性

陈皮并非新会特有。为凸显新会陈皮与其他同类产品的品质差异，避免同质化竞争，新会区政府大力推动新会柑、新会陈皮申请国家地理标志产品保护，并分别于2006年和2016年经国家质检总局批准，获得"国家地理标志产品产品保护——新会陈皮"和"国家地理标志保护产品专用标志——新会柑"的认定，是全国唯一一起从原料到产品连环保护的双地标案例，也是江门获得的第一个地理标志保护产品。地理标志保护产品的认定既充分肯定了新会陈皮的质量及品质的独特性，又明确了新会柑（陈皮）与其他区域柑橘陈皮的区别，新会陈皮从此有了属于自己的独一无二的名片。2015年7月，经国家质检总局批准筹建国家地理标志产品保护示范区，始终坚持以市场为导向，以标准为依托，以品牌为核心，以增加农民收入为目标，努力建设集约化、规模化、标准化、商品化农业。2015年11月3日，国家质检总局正式批准成立国家地理标志产品保护示范区（广东新会），江门市新会区成为广东省首个获批国家地理标志产品保护示范区的地区，也成为国家质检总局原设定的江苏、四川、浙江、湖南四个国家地理标志产品保护示范区试点省份外的获批地区。示范区的获批和建设为新会陈皮产业的高速发展奠定了良好的基础。

图 3　新会陈皮、新会柑国家地理标志

（三）着力打造新会柑（陈皮）产业标准体系，夯实新会柑（陈皮）产业的品质基础

产品品质是一个行业发展的根基所在。推广农业生产标准化对全面改善农产品品质具有极其重要的意义。为了帮助新会柑（陈皮）产业做大做强，走向产业化，在江门市质监局的主导下，政府各相关部门联合协同，针对新会柑（陈皮）产业先后出台了一系列的从种植到加工、储存等一系列地方行业标准。在种植环节上，建立标准种植规范和形成标准化规范种植体系，成立"广东省新会柑标准化示范区"和"国家柑橘栽培综合标准化示范区"，推广现代化柑树种植技术，严把种植关。在质量检测环节上，建立陈皮溯源体系，建立了新会陈皮的检测机制，打造追溯网络平台。建成了"农业投入品溯源管理平台""新会陈皮质量监督检验中心"以及"农业大数据中心"，引导每村设立"农产品质量检测室"，鼓励企业自主建设"田头检测室"。上述举措实施带来的成果是：市级、区级果品抽检合格率达到100%。在生产加工环节上，推行联盟标准，先后出台了 3 个地方标准和 3 个

陈皮产业相关的联盟标准，结束了陈皮行业的无标准生产时代，统一了门槛，有效避免了行业无序竞争，实现了行业内部优胜劣汰，使得新会柑和新会陈皮的品牌得到了有效的保护，也为行业的发展夯实了基础。

（四）充分发挥新会柑（陈皮）行业协会的作用，规范产业发展平台

行业协会在产业发展过程中担负着沟通、协调、监督、公正、统计、研究、服务等功能作用，充当着政府与市场沟通的纽带。通过这条纽带，向政府传递市场主体的共同要求；协助政府制定和落实行业发展规划、产业政策、行政法规和有关法律；制定并执行行规行约，协调行业内企业之间的经营行为；监督行业产品和服务质量、竞争手段、经营作风，维护行业信誉及公平竞争的环境；为行业内经营主体提供公共服务等。基于新会柑（陈皮）产业发展的需要，2002 年，新会区整合并调动社会资源力量，经果农发起，新会区农业局和新会区工商联（总商会）推动，由新会柑种植者、生产经营者、研发加工技术人员和生产经营深加工等企业共同成立新会柑（陈皮）行业协会，俗称"陈皮协会"。该协会成为改革开放后新会农业系统的首个行业协会。为了充分发挥"陈皮协会"在新会柑（陈皮）产业发展中的作用，政府赋予了"陈皮协会"一定的公共职能和目标任务，给予一定的政策和资源支持，使其在行业自律、组织协调和助推行业发展等方面的作用更加凸显。"陈皮协会"操办每两年一届的中国·新会陈皮文化节；举办"新会陈皮产业发展论坛"；组队参加具有全国影响力甚至国际影响力的大型博览会；组织行业大师匿名评审产品；组织"粤菜师傅"等专业活动推广新会陈皮，等等。"陈皮协会"的主动作为，为新会柑（陈皮）产业的开疆拓土、提质升级、行稳致远立下了汗马功劳，成为提升新会陈皮的知名度和影响力，弘扬新会陈皮价值文化的重要平台。

（五）借创建国家现代农业产业园之势，促新会柑（陈皮）产业构建现代农业体系

2019 年 9 月，农业农村部、财政部等对 2017 年批准创建的 21 个国家现代农业产业园开展绩效预评价，新会陈皮国家现代农业产业园以 89.5 分在 21 个参加预评价活动的产业园中排名第一，并于同年 12 月成功入选第二批国家现代农业产业园认定名单。新会区立足拥有国家地理标志保护产品——新会柑、新会陈皮的资源禀赋，加快推进全区农业结构调整与产业升级，修补产业发展短板，深挖新会陈皮文化、健康价值，加快新会陈皮一二三产融合发展，推动全产业链做大做强，努力创建新时代"大基地＋大加工＋大科技＋大融合＋大服务"的"五位一体"发展的特色农业产业园。2019 年 12 月，新会陈皮现代农业产业园通过农业农村部和财政部有关专家现场考核评价，被认定为国家现代农业产业园，成为新会陈皮产业发展历史上又一新里程碑，标志着新会柑（陈皮）产业步入了高质量、高速发展的新征程。

一是以"大基地"建设实现新会柑（陈皮）产业的绿色、优质、高效发展。一二三产业融合发展的前提是一产基础须打牢。产业园以"大基地"建设进一步解决新会柑（陈皮）产业小、散、弱、低（端）的历史问题。通过"大基地"引领、聚合、整合新会柑（陈皮）产业的一产资源，尤其加大了对种质资源保护和良种繁育的力度。为确保"新会陈皮"质量和品牌信誉度、美誉度，通过"大基地"建设，引导每村设立"农产品质量检测室"，鼓励企业自主建设"农产品田头检测室"，严把种植质量关。同时，鼓励并组织农户通过流转土地实现新会柑的适度规模种植，借此推动新会柑种植向规模化、标准化、管理科学化发展，新会柑农产品质量水平及柑农整体收益水平因此得到极大的提高，科学种植的积极性得到了空前的提升。

二是以"大加工"打通新会柑（陈皮）产业一二三产融合的关节点。农业产业要实现现代化，必须跳出传统农业的思维，进行逆向思考。一二三产融合就是这种逆向思考的逻辑。农业要做大，离不开二产对它的强大需求以及二产在农资、农装、农技上对它的强力支持，离不开三产为它提供的金融、物流、渠道、仓储、技术服务、信息服务等各项支持。"大加工"思路打通了三产融合的关节点。通过"大加工"加快推进陈皮产业加工实现标准化，并在"公司＋农户"的经营模式下，反哺支持家庭农场和农业合作社发展初加工，为农户增收提供标准化的技术支持；通过产学研合作研发新设备、新工艺、新产品，做长、做强产业链；通过鼓励加工企业进入产业园集聚发展，"倒逼"公共服务平台创新、创造发展，更好地助力加工业发展的提级增速上水平。为支持"大加工"，新会区政府通过"三旧"（旧城镇、旧厂房、旧村庄）改造、盘活低效用地等措施，共为陈皮加工企业在产业园内安排了3000亩建设用地，保障陈皮加工企业的用地。"大加工"使新会柑（陈皮）产业向广精深加工发展，提升加工业发展水平，逐步形成了药、食、茶、酒、健、个护等系列产品的6个大类、35个中类、100多个小类的新会柑（陈皮）产品系列，改变了长期以来新会柑（陈皮）产业以销售原材料为主的传统消化模式。

三是以"大科技"推动产业高质量发展。任何产业的行稳致远都离不开科技的支撑，传统产业要在新时代焕发新生更是如此。有着700多年历史的新会陈皮，在新时代该如何发展？这是摆在新会区政府、新会柑（陈皮）产业和社会面前的一道考题。而新会柑（陈皮）产业的出路只有一条：不断开发、提升"新会陈皮"的附加值，将该产业业态从低端向中高端引领、提升，形成高质量发展态势下的低中高端结合的立体产业发展形态。为此，新会陈皮现代农业产业园坚持以"创新驱动"为核心，以"大科技"为抓手，产学研多方的持续深度合作为模式，错位发展。目前，通过与30多家科研院校的长期合作，利用新会柑资源研发出陈皮果酱、陈皮酱香酒、陈皮酵素、陈皮虫—饲料蛋白、医用手术缝合线、陈皮面膜、陈皮精油等30多个系列的深、精加工产品。"大科技"不仅彻底改变了新会陈皮产业以销售鲜果、陈皮为主的短小产业结构状态，而且为新会柑（陈皮）产业打开了更加广阔、深远的市场空间。随着大健康概念的深入民心，以及全面建成小康社会所开启的新的消费观念，以"大科技"支撑的新会柑（陈皮）产业的市场开发将大有可为。

四是以"大融合"培育新会柑（陈皮）全产业链新动能。一二三产业融合发展，是打开新会柑（陈皮）产业发展格局的"金钥匙"。大资本的投入是一个产业升级换代不可或缺的重要资源条件。不论是优良种苗的保护、培育，还是生产工艺开发、产品开发、品牌建设，都需要大资本的支撑。新会陈皮现代农业产业园以"大融合"的发展理念指导大资本需求问题的解决。2016—2019年，为解决新会柑种植成本高、陈皮产业经营者启动资金不足、贷款难等问题，新会区政府除了持续投入2400多万元支持产业发展，还组织银行开展"柑树贷""陈皮贷""政银保""葵乡惠农贷"等合作贷款项目，助力企业和农户融资发展，扩大规模。2017年，中国农业银行江门分行与新会区政府签订陈皮产业战略合作协议，将"陈皮贷"升级为"新会陈皮 e 贷"，为陈皮产业经营者提供更加普惠、快捷、高效的贷款服务。2021 年 12 月，中国农业银行江门分行、江门农商银行与新会陈皮企业代表签订全省首宗地理标志（新会陈皮）质押融资意向合同，授信额度超 6 亿元，解决了长期困扰陈皮产业中小企业流动资金不足和融资难等问题，拓宽了企业的融资渠道。陈皮金融创新不仅政府发力，来自陈皮龙头企业的创新也值得关注。如陈皮村市场股份有限公司，通过与北京特许经营权交易所、深圳联合产权交易所等金融机构联合，共同搭建仓单交易平台，实现新会陈皮可卖现货，也可卖期货。目前支持对手交易、专家交易、拍卖交易、期货交易等多种方式，并推出各个级别的金融产品，有普通信贷、产品质押、拍卖交易等。2018 年，仅陈皮村一家公司的"陈皮银行"业务就产生 2500 万元资金交易，2019 年达 3500 万元，增长幅度高达 40%。"大融合"中的金融创新不仅赋予了新会柑树、新会陈皮作为"一般抵押物"的抵押功能，更深层次看，实际上赋予了新会陈皮"金融衍生品"的功能。具有抵押、投资、增益作用的金融创新产品，使新会柑（陈皮）产业从曾经的传统第一产业，升级为现代金融产业。"大融合"全面推动了新会柑（陈皮）一二三产业纵向、跨界融合，实现新会柑（陈皮）产业的全产业链发展。涌现了陈皮村三产融合园、小冈香陈皮文化创意园（文旅基地）、丽宫研发加工园等。"大融合"既解决了新会柑（陈皮）产业转型升级对大资本的需求问题，也解决了拓宽市场空间的问题，进一步提振了新会柑（陈皮）产业的发展信心、坚定了发展决心，增强了发展动力，为新时代实现农业产业高质量发展提供了很好的思路与实践参考。

五是以"大服务"为新会柑（陈皮）产业实现高效发展"铺路架桥""添翼加油"。新会陈皮现代农业产业园是新会柑（陈

皮）产业实现提级增速的大平台。为加快产业园创建工作，保障
新会柑（陈皮）产业转型升级有序推进，新会区专门成立了以区
委书记为组长的建设领导小组，统筹推进园区的管理和服务。组
建了8个专责小组具体推进各项创建工作，涵盖管理、政策、金
融、科技、数据、电商、协会、农资农技等服务，实现了陈皮产
业"一门式"服务。

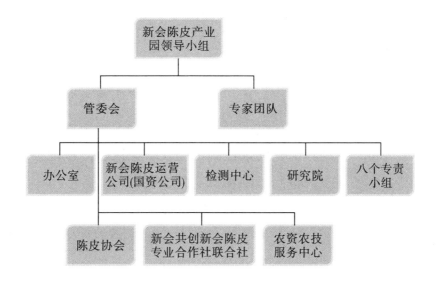

图4 新会陈皮国家现代农业产业园架构

　　管委会以大数据平台为支撑，整合政府、协会和社会资源，
不断完善服务体系，出台了"1＋2＋1"的管理方略（1套创建
方案、2套制度——财务制度和议事制度、1套奖补办法）；建成
产业园公共服务中心，提供管理、政策、金融、科技、数据、电
商、协会、农资农技等"一门式"服务。"大服务"带来了"大
成果"：产业园累计吸引社会投资超过30亿元；培育了陈皮村三
产融合园、丽宫研发加工园、新宝堂生物科技园、七堡健康食品
研发加工园、小冈香陈皮文化创意园等五大园区；建有总面积超

过 20 万平方米的各类新会陈皮文化博物馆和体验馆（如陈皮村兴建的集新会陈皮交易、文化体验等多业融合的一二三产融合馆；新宝堂兴建的展示陈皮文化及炮制工艺的新会陈皮体验馆；丽宫兴建的陈皮文化展示区以及全国首家陈皮果酱、陈皮酒酿化中心；新会陈皮国家现代农业产业园运营公司兴建的陈皮文化和产业博览中心）。

（六）创新监管模式，保证产品质量安全

一是建立联合执法体系。为更好地保护地理标志产品，新会区探索建立了由质监、工商、食品药品、农业等多部门联合执法体系，定期开展联合执法行动，有效地打击了假冒国家地理标志保护产品的侵权行为，规范了市场秩序，维护了国家地理标志保护产品的市场信誉。二是健全检测机制。新会区针对地理标志保护产品建立了健全的检测机制和指定的检测机构。每年不定期接受省、市的质量监督检测，指定了国家加工食品质量监督检验中心（广州）作为新会柑、新会陈皮地理标志保护产品的质量检测机构，确保了地理标志产品检测的可靠性、专业性和权威性。各地理标志保护产品生产企业也根据相关法律、法规要求建立了完善的检测机制。最终形成了乡镇快速检测、生产企业自检、第三方委托检验、上级定期抽检的四方检测体系，全面保障了地理标志保护产品的质量。三是建立新会陈皮溯源体系。为进一步维护国家地理标志产品保护品牌，切实保障消费者对新会陈皮生产销售各个环节相关信息的知情权，提升对新会陈皮物流系统的监管和品牌建设，制约生产者及销售者的制假售假行为，新会区在新会陈皮溯源管理方面进行了卓有成效的探索。2015 年 4 月，新会区政府下发了《示范区地标产品追溯制度》，在全区开展新会陈皮溯源管理专项推广活动，要求新会柑种植区、加工企业、农业合作组织建立新会柑生产档案，记载使用相关农业投入品的名称、来源、用法、用量和使用、停用的日期及植物病虫害的发生和防治情况等。相关龙头企业也建立起完备的新会陈皮溯源体系，该体系有效地实现了生产记录可存储、产品流向可追踪、储运信息可查询；实现国家地理标志保护产品从农田生产到加工直至销售的全过程质量信息可追溯。消费者可以通过扫描国家地理标志保护产品外包装上的二维码，登录到网络平台进行地理标志真伪辨别及质量安全追溯信息查询。

（七）通过多种渠道传播品牌形象，提升大众认知

"酒香也怕巷子深"，再优质的产品也需要"大声吆喝"，才能为消费者所知。新会区政府通过多种渠道为新会陈皮站台，推广"新会陈皮"品牌。一是举办"陈皮文化节"。自 2011 年起，新会每隔一年举办一次中国·新会陈皮文化节，其中第三、第五届陈皮文化节新闻发布会在北京人民大会堂召开，有效提升了"新会陈皮"的品牌影响力。二是与专业团队合作宣传。除自己"吆喝"之外，与专业团队、特色品牌合作，亦是"新会陈皮"品牌频繁运用的传播手段之一。例如，与央视实施战略合作，借央视的专业形象及地位，传播富有人文内涵和故事情感的故事，选取 25 位来自不同地域、阶层、职业的人物，记录他们与新会陈皮的不同故事，并拍摄形成《道地陈皮》纪录片，"自上而下"构建品牌形象认知。该纪录片已在 CCTV 及 35 个卫视频道、地面频道播出，并被译制成四种语言，在"一带一路"沿线国家电视台播出及全球发行。三是借专业活动推广。"江门粤菜师傅"是江门市近年来打造的一项重点工程，建设卓有成效。2020 年，"新会陈皮"品牌选择与之合作，以大众对美食的关注为切入点，通过编印《粤菜师傅·新会陈皮美味》菜谱、开设新会陈皮美食馆、推广新会陈皮风味宴等方式，"自下而上"开展系列传播工作，助力"新会陈皮"品牌的发展壮大。

三、经验启示

（一）坚持党的领导，从地方实际出发贯彻中央推动农业高质量发展的指示精神

坚持党的领导是构建现代农业体系的坚实保证。每个地区有每个地区的历史轨迹和资源禀赋，在构建现代农业体系中，一要学深悟透党中央推动农业高质量发展的指示精神，把它转化为发展的势能；二要深调研，摸清家底，善于总结、把握规律，将党中央推动农业高质量发展落到当地的农业产业上，以跳出传统农业思维谋求农业高质量发展的思路找准突破口。这对很多处于发展"瓶颈"或发展"天花板"状态的传统农业产业如何获得新发展是至关重要的。传统农业产业如何突破发展"瓶颈"或"天花板"取得新发展？新会柑（陈皮）产业的发展给出了很好的思路和经验借鉴。

（二）政府始终秉持以人民为中心的理念，主动履职担责谋产业发展

以人民为中心是地方政府产业决策的宗旨、理念。只有把它体现在具体的产业发展决策、规划和实施上，这个宗旨、理念才具有生命力。我国自古以来就是一个农业大国。每个地方都有自己独具特色的农业产业发展史和发展基础，地方政府要善于做深入细致的调查研究，在"学史明理、学史增信"的基础上，认真总结、把握社会、经济、产业、行业发展的规律，问计于民、问计于专家，打通历史、现在与未来的联系，拓宽思路、转换思维，谋划当地传统农业产业的新发展路径。在产业发展规划中要切实

解决好政府、市场、社会三方职能职责的划分及其协调问题，把该由政府做的事情做好、做到位；把该由市场和社会做的事情主动放出去的同时，通过制度建设把它规范好。产业弱小时，政府要发挥主导作用，通过一系列产业政策的决策和实施来发挥自身的主导作用，并且切实解决产业政策的科学性、系统性、连续性、发展性问题，切忌落入"三拍"（拍脑袋、拍大腿、拍屁股）的状态；产业成长走向成熟时，政府要充分激活和发挥市场机制配置资源的主导作用，同时加强市场规范、监管、法制建设，加大、加强服务、助力功能的发挥，以主动提升领导科学决策能力、执行力为支撑，以久久为功的执政态度为指导。新会区政府在新会柑（陈皮）产业发展中的实践给我们树立了典范。

（三）保持政策的连续性和稳定性，为产业高质量发展提供坚实保障

政策的连续性和稳定性对产业发展环境的影响非常明显。有研究表明，地方政府不同官员的个人特质具有明显区别，所以在其任期内的经济行为与决策也大多存在着明显的差异。而由于官员的任期和相对应的考核标准，地方官员可能只关心任期内的短期经济增长，而忽略社会经济发展的长期影响。因此，官员的变更往往伴随着已有政策的中断和新政策的推行，由此引发产业发展环境的不稳定并成为产业发展的阻碍。如果政府在打造产业发展环境的过程中，由于官员变更而导致产业政策缺乏连续性和稳定性，可能造成某些政策被迫中断或转向，从而损害市场参与主体的合法权益。为了应对因主要官员更替而可能带来的政策变化，市场参与主体就可能会缩减投资支出与创新投入，不敢采用基于稳定预期的长期投资策略，从而不利于吸引产业发展所需的资源。新会在推动新会柑（陈皮）产业高质量发展的实践与探索过程中，重视制度融贯性建设，在主观上不因主要官员的更替而额外增加市场参与主体的运营成本。从 20 多年的发展历史来看，新会始终致力于从制度层面优化新会柑（陈皮）产业发展环境，坚持复兴和发展新会柑（陈皮）产业的初心，保持政策的连续性和稳定性，从而有力增强了市场参与主体对政策连续性的稳定预期，激发了市场活力，尽可能推动其在一切可能的方向上进行一切可能的探索与创新，为新会柑（陈皮）产业的高质量发展奠定了坚实的基础。

（四）坚持科技创新，为实现现代农业高质量发展提供力量支撑

现代农业与传统农业的最大区别就在科技含量上。科技成果与农业特色产业的结合，是农业特色产业焕发活力不可缺少的重要条件。重视推动并坚持科技创新是政府在现代农业产业体系构建中要扎扎实实做好的事情。在坚持科技创新上，政府也要厘清政府、市场、社会三方各自的职责以及建立起相互协调的关系。关系现代农业产业基础性、公共性、核心关键的技术，如种质资源保护、种苗繁育、关键种植技术的研究和辅导、病虫害的防治、土质保护、地方农特品牌的传播和价值金融化模式创新等，政府要主动担纲，积极作为；产品开发、工艺开发、行业标准的制定、经营模式创新等则交由市场和社会来主导。政府在其中发挥的作用是规范、激励（引导）、监管、服务、协调。使科技创新全方位支撑现代农业体系的构建和发展。

（五）坚持一二三产融合发展，拓宽农业产业发展平台

现代农业产业的高质量发展以一产的高质量种植为基础，以二产的高质量加工为拉动以及二产的高质量发展为保障（农资、农装、农技等），以三产的高质量平台建设为支撑（流通、金融、信息、标准、技术服务等）。一二三产高质量发展融合，才能为现代农业实现高质量发展构建起坚实的、全面的保障。一二三产大融合发展是新会柑（陈皮）产业高质量发展为地方现代农业实现高质量发展贡献的宝贵实践经验。在一二三产融合发展中必须解决好行业标准化问题，以标准化引领、规范行业的有序健康发展。

（六）开展地方立法，为现代农业高质量发展保驾护航

规范的行业市场秩序是现代农业产业实现高质量发展的环境条件。在国家、省的相关法律法规基础上，围绕地方特色农业产业发展，充分用好地方立法权，制定促进地方特色农业产业实现高质量发展的地方性法律法规，为营造公平、有序的行业市场竞争环境提供保障。

（七）发掘地方特色产业故事，以文化带动现代农业高质量发展

农业是民生之本。作为农业大国，每个特色农业产业的背后都有代代相传的故事，正是这些故事滋养、延续了这些行业的发展。发掘故事、讲好故事、将故事融入发展中，将给这些特色农业产业发展注入新的生机。新会柑（陈皮）产业能走上高质量发展的道路，中国·新会陈皮文化节以及以多渠道、多形式向外界讲述"新会陈皮"的故事在其中功不可没。

【思考题】

1. 通过案例研讨，结合您所在地区或行业实际，是否存在类似遇到发展瓶颈的产业？分析原因并为其提出未来的发展建议。

2. 通过案例研讨，结合实际分析，影响特色农业产业做强做大的关键性因素有哪些？

3. 通过案例研讨，结合工作实际，就政府在实现农业高质量发展中应该扮演什么角色、如何发挥作用，谈谈您的体会和思考。

【附录】2001—2021 年新会陈皮产业发展大事记

年份	事件
2001	12 月，新会柑（陈皮）行业协会成立，这是新会市市一级农业系统成立的首个行业协会
2006	（1）举办第一届新会陈皮产业发展论坛，专家学者研讨新会陈皮的综合开发 （2）新会柑、新会陈皮同时获得国家地理标志保护产品，成为江门市第一批国家地理标志保护产品
2008	新会陈皮获批国家地理标志证明商标
2009	新会陈皮制作技艺入选广东省非物质文化遗产名录
2010	（1）举办第二届新会陈皮产业发展论坛，国内权威科研机构和著名大学专家学者、知名企业代表共谋新会陈皮产业发展大计 （2）新会陈皮成为广东首批 8 个岭南中药材立法保护品种之一
2011	（1）举办首届中国·新会陈皮文化节暨第三届陈皮产业发展论坛、第一届新会陈皮皇（后）拍卖会。吸引 11 万人次参观；签约项目 6 个，投资总额 2.9 亿元；50 个参展企业现场销售额 365 万元 （2）获颁"中国陈皮之乡""中国陈皮道地药材产业之乡"称号

续表

年份	事件
2012	（1）成立新会陈皮行业标准联盟，发布三项标准：《新会陈皮预包装标签》《新会柑皮普洱茶》《新会陈皮普洱茶》，确立了"行规" （2）建立江门市首个"省级农业标准化示范区"。区质监、农业等部门以示范效应推广农业标准，引导新会农业龙头企业诺诚农业发展有限公司制定了新会柑生产过程的产地条件、选种、育苗、播种、施肥、喷药、采摘等各环节的标准种植规范 （3）出台《关于〈新会柑（陈皮）种植永久保护地规划方案〉的决议》，建设生态农业技术示范园和新会陈皮 GAP（良好农业规范）产业园，建立 224.6 公顷新会柑（陈皮）种植永久保护地
2013	（1）新会陈皮村运营中心揭牌，标志着全国首个陈皮专业市场正式运行。陈皮村成为以新会陈皮"种植、收储、鉴定、研发"为核心，集陈皮交易、特色餐饮、休闲养生、文化旅游于一体的大型特色农产品商业文化综合体 （2）举办第二届中国·新会陈皮文化节暨第四届陈皮产业发展论坛、第二届新会陈皮皇（后）拍卖会。吸引 18.3 万人次参观；签约 15 个项目，投资总额 12 亿元；70 多家参展企业现场销售额 757 万元 （3）新会陈皮村与中行、工商行、农商行等三家金融机构先后签订银企战略合作协议，成立全国首创的"陈皮银行" （4）开启新会陈皮制作技艺国家级非物质文化遗产保护项目的申报工作

续表

年份	事件
2014	（1）新会陈皮村与广东正地农产品交易所签订战略合作协议，联手打造中国陈皮"交易池"，大力推动新会柑、新会陈皮向订单交易模式发展，致力打造全国陈皮交易市场 （2）启动国家柑橘栽培综合标准化示范区的相关工作，筹备申报国家地理标志产品保护示范区；筹备广东省陈皮及相关产品标准化技术委员会；新会区第七批、第八批 14 家企业申报使用新会柑、新会陈皮地理标志保护产品专用标志 （3）新会陈皮村发布《新会陈皮仓储》《新会陈皮加工技术规程》两个"企业标准令"，并在区质监局备案 （4）新会陈皮行业协会"新会陈皮鉴定关键技术研究及产业化"项目获批立项，依托五邑大学分析测试中心平台，建成陈皮鉴定研究中心，为陈皮的真伪鉴定、年份鉴定等提供快速、科学、准确的鉴别方法，成为陈皮中小生产企业最重要的技术支撑之一
2015	（1）新会区政府下发《示范区地标产品追溯制度》，在全区开展新会陈皮溯源管理专项推广活动，要求新会柑种植区、加工企业、农业合作组织建立新会柑生产档案，记载使用相关农业投入品的名称、来源、用法、用量和使用、停用的日期及植物病虫害的发生和防治情况等 （2）7 月，经国家质检总局正式批准筹建国家地理标志产品保护示范区，保护范围与江门市新会区行政区域范围一致。10 月，通过国家质检总局验收，正式成立国家地理标志产品保护示范区（广东新会） （3）新会区获授"中国（新会）陈皮茶之乡"和广东省首个国家地理标志产品保护示范区

续表

年份	事件
2016	（1）制定《新会陈皮产业与产业园规划纲要》，从研究机构与能力建设、种植园区建设、加工园区建设、建立园区质量安全体系、行业管理五方面明确陈皮产业"十三五"时期具体工作，提出到"十三五"末实现产业产值破百亿元的奋斗目标 （2）新会陈皮入选广东省第一批立法保护的岭南中药材品种，新会陈皮品牌强度位居国家地理标志保护产品中药材类第一 （3）新会陈皮进入欧洲药典：欧洲药典中药委员会主席葛哈德·法兰兹在"中医的未来"国际峰会上表示：已有包括人参、陈皮、白术、大黄、水红花子等66种中药材进入欧洲药典
2017	（1）经农业部、财政部批准，新会陈皮现代农业产业园进入第二批国家现代农业产业园创建名单 （2）新会区与中国工程院院士、华中农业大学校长、我国现代农业（柑橘）产业技术体系首席科学家邓秀新及其团队达成共识，建立"邓秀新新会陈皮产业技术体系院士工作站"，为新会陈皮产业链条提供科研技术安全保障 （3）第四届中国·新会陈皮文化节新闻发布会在上海环球金融中心召开。围绕"价值、文化、产业"这一主题，弘扬新会陈皮绿色健康的品质价值、产业价值、投资价值，继续推动新会陈皮产业转型升级 （4）新会柑、新会陈皮入选《2017年全国名特优新农产品目录》《广东省第二届名特优新农产品目录—区域公用品牌》 （5）新会区颁布《地理标志产品新会柑》《地理标志产品新会陈皮》2个广东省地方标准

续表

年份	事件
2017	（6）国家柑橘栽培综合标准化示范区通过验收；新会陈皮入选广东省首批立法保护岭南中药材名录 （7）新会陈皮（柑茶）的养生功效进一步被权威证实。钟南山院士团队最新研究成果显示：新会陈皮（柑茶）能有效预防和减轻空气污染中有害气体引起的肺部炎症，包括对肺泡间隔的破裂、小气道重塑和黏液高分泌等具有一定预防作用 （8）中国农业银行江门分行与新会区政府签约，就陈皮产业开展合作，并发布"新会陈皮 e 贷"产品，成为新会区陈皮特色产业与农业银行的合作平台，通过批量导入授信白名单的方式，建立起高效信贷模式。至当年末，"新会陈皮 e 贷"累计放款 25 笔，累计发放贷款金额 57.4 万元，贷款余额 46.81 万元
2018	（1）成立新会陈皮现代农业产业园管委会；陈皮种质资源保护、智慧大数据等项目初步建成 （2）香港大学生物科学院副教授王明福团队研究发现：陈皮中的"柚皮素"可以预防癌症。如果在做肉菜的时候，加入 1～10 克有"柚皮素"的天然调味料，腌制半小时之后，就能使加热时产生的"杂环胺"减少 50%
2019	（1）2 月，新会区金融工作局出台《新会陈皮国家现代农业产业园金融服务工作实施方案》（简称《方案》），与区内金融机构合作，创新工作方式方法，促进金融机构加大对新会陈皮产业信贷投入，政府给予贷款对象贷款增信或贴息、保费补贴等支持。当年，9 家公司企业、50 户农户符合《方案》中获得贴息扶持相关要求，贷款总额 6443.6 万元，获贴息 85.16 万元 （2）全国现代农业产业园推进会现场会在江门召开，与会领导嘉宾参观新会陈皮国家现代农业产业园

续表

年份	事件
2019	（3）新会陈皮产业在全国乡村产业振兴推进会上被推介分享，并作为广东种植业唯一代表入选《全国乡村产业振兴典型案例汇编》 （4）第五届中国·新会陈皮文化节新闻发布会在北京人民大会堂召开，国家部委有关领导专家、国外驻华大使代表、国际友人等各界嘉宾100余人和新华社、人民日报社、光明日报社、中央电视台、广东电视台等数十家媒体代表与会。文化节博览会主分会场近10万人次参加 （5）挂牌成立"江门市知识产权司法保护服务中心陈皮行业（新会）服务站"，加强陈皮行业知识产权保护 （6）出台《新会陈皮贷款风险基金方案》 （7）新会陈皮现代农业产业园入选农业农村部、财政部第二批国家现代农业产业园名单
2020	（1）国家卫健委发布《新型冠状病毒感染的肺炎诊疗方案（试行第四版)》，在中医治疗方面首次提出陈皮相关应用，在此后的多版诊疗方案中均提及陈皮。新会陈皮在抗疫方面发挥了积极作用 （2）2020年版《中国药典》对广陈皮质量标准进行修订，极大提升广陈皮药用资源的开发利用 （3）《江门市新会陈皮保护条例》颁布并实施 （4）新会陈皮获道地药材博物馆收藏并永久展示 （5）"共和国勋章"获得者、中国工程院院士钟南山在广州医科大学附属第一医院横琴医院（横琴新区中心医院）暨横琴至和国际生命科学中心奠基仪式上表示：用含陈皮的茶，对黏液以及污染物质的排出有明显的好、改善 （6）新会区入选第四批中国特色农产品优势区

续表

年份	事件
2021	（1）新会陈皮炮制技艺入选国家级非物质文化遗产名录 （2）新会区入选全国农业全产业链典型县建设名单（广东省江门市新会区陈皮全产业链典型县） （3）《中华人民共和国政府与欧洲联盟地理标志保护与合作协定》正式生效。新会陈皮入选其中的中国地理标志产品名单 （4）"新会陈皮"入选国家知识产权局办公室发布的第一批地理标志运用促进重点联系指导名录

防范化解科技领域"卡脖子"风险*

——深圳构建全过程创新生态链的探索与实践

【摘要】党的十八大以来,党中央立足世界百年未有之大变局,着眼中华民族伟大复兴的战略全局,把脉我国改革发展稳定面临的新情况新问题新挑战,把防范化解重大风险作为重大课题,放在治国理政更加突出的位置。党的十九届五中全会把科技自立自强作为国家发展的战略支撑。深圳市第七次党代会提出坚持把创新作为城市发展主导战略,建设具有全球影响力的科技和产业创新高地,提出提升科技创新"五力",打造科技创新"五地",切实担当起推进科技自立自强的深圳责任。

深圳40年的创新发展,有力地推动了经济的转型发展,取得了巨大成就。但是,创新发展实践中也存在突出短板:深圳基础研究投入不足,国家级重大创新平台偏少,关键核心技术和部分关键零部件受制于人,高端人才尤其是尖端人才不足,使深圳科技领域发展面临重大风险。

---

* 本案例由中共广东省委党校(广东行政学院)社会和生态文明教研部王会讲师、副主任梁武副教授,中共深圳市委党校(深圳行政学院)副校(院)长陶卫平、政治经济学教研部韩靓副教授、教务处二级主任科员林永森撰写。深圳市科技创新委员会政策法规处给予了大力支持。

为贯彻落实习近平总书记对科技领域重大风险的"五要"要求，坚决甩掉"卡脖子"之手，深圳全面激发创新活力，构建"基础研究＋技术攻关＋成果产业化＋科技金融＋人才支撑"的全过程创新生态链，构建以创新为引领的现代化开放经济体系，在新时代走在前列、新征程勇当尖兵，再上新台阶。

深圳科技创新实践探索取得的成效，不仅为建设中国特色社会主义先行示范区提供了科技支撑，也为我国其他地方政府实现科技创新提供了借鉴。防范化解科技领域"卡脖子"风险，必须发挥新型举国体制优势，打通"卡脖子"链条各环节；必须发挥政府作用，引导科研机构构建高质量发展的科研体系；必须遵循科研规律，建立健全科学、开放的科研项目管理机制；必须创新科技成果转化方式，构建产业化服务体系；必须激发人才创新活力，打造国际化创新型人才队伍。

【关键词】科技创新　基础研究　核心技术　科技领域重大风险

2019 年 1 月 21 日，习近平总书记在"省部级主要领导干部坚持底线思维着力防范化解重大风险专题研讨班"开班式上发表重要讲话强调，科技领域安全是国家安全的重要组成部分。要加强体系建设和能力建设，完善国家创新体系。要加快补短板，建立自主创新的制度机制优势。要加强重大创新领域战略研判和前瞻部署，完善产学研协同创新机制。要强化事关国家安全和经济社会发展全局的重大科技任务的统筹组织，强化国家战略科技力量建设。要加快科技安全预警监测体系建设，加快推进相关立法工作。2019 年 4 月 22 日，广东省委、省政府召开全省防范化解重大风险工作会议，指出要着力防范化解科技领域重大风险，深入实施九大重点领域研发计划，加强科技安全预警监测和有效管控，牢牢掌握科技发展主动权。被誉为"中国硅谷"的深圳作为我国科技创新的前沿阵地，始终坚持把创新作为城市发展主导战略，加快建设具有全球影响力的科技和产业创新高地。2021年，深圳市第七次党代会提出深圳提升科技创新"五力"，打造科技创新"五地"，为建设世界科技强国作出特区新贡献。

一、背景情况

（一）深圳科技创新承担重要使命任务

2018年，习近平总书记对深圳作出三次重要指示批示：肯定深圳高新技术产业发展成为全国的一面旗帜，要发挥示范带动作用；肯定广东成长出深圳这样的创新型国际化城市，要求深圳朝着建设中国特色社会主义先行示范区的方向前行，努力创新建设社会主义现代化强国的城市范例；要求深圳抓住粤港澳大湾区建设重大机遇，增强核心引擎功能。

2019年7月24日，中央全面深化改革委员会第九次会议审议通过了《关于支持深圳建设中国特色社会主义先行示范区的意见》，会议强调支持深圳建设中国特色社会主义先行示范区，要深入实施创新驱动发展战略，抓住粤港澳大湾区建设重要机遇，努力创建社会主义现代化国家的城市范例。

2020年10月14日，习近平总书记在深圳经济特区建立40周年庆祝大会上的讲话指出，党中央对深圳改革开放、创新发展寄予厚望，要建设具有全球影响力的科技和产业创新高地。

2021年，深圳市第七次党代会提出切实担当起推进科技自立自强的深圳责任，并提出提升科技创新"五力"——创新引领力、硬实力、驱动力、支撑力和源动力，打造科技创新"五地"——重要的原始创新策源地、关键核心技术发源地、科技成果产业化最佳地、科技金融深度融合地和全球一流科技创新人才向往集聚地。

深圳科技创新发展从点的突破到纵深推进、系统跃升，高新技术产业发展成为全国的一面旗帜，为深圳建设中国特色社会主义先行示范区奠定了重要基础。

（二）深圳科技创新所处关键时期

深圳科技创新经过 40 多年发展，经历了"三来一补"（来料加工、来件装配、来样加工、补偿贸易）加工制造业发展期、模仿创新发展期、引进消化吸收再创新发展期、自主创新发展期、原始创新发展期五个发展阶段，目前正处在第五次转型升级的关键时期，即原始创新发展期。

（三）深圳科技创新五大优势

深圳科技创新有市场化的创新优势、核心技术的优势、产学研深度融合优势、开放创新国际化优势和综合创新生态体系优势。深圳创新有"六个 90%"的特点，即 90% 的研发机构、研发人员、研发投入、发明专利都来自企业，90% 的企业为本土企业、90% 的重大项目由企业承担，形成了以企业为主体、以市场为主导、产学研深度融合的技术创新体系。2020 年深圳国家高新技术企业 18742 家，居全国第二，仅次于北京。2020 年深圳全社会研发投入经费达 1510.81 亿元，占 GDP 比重达到 5.46%，位居全国前列。部分核心技术水平跻身世界前列。如华为、中兴是 5G 的全球引领者，云天励飞全球首创"云＋端"动态人像智能解决方案，率先实现"亿万人脸，秒级定位"。2020 年全国独角兽企业，北京有 82 家，上海有 44 家，杭州有 25 家，深圳有 20 家。和北京、上海比，虽在数量上没有优势，但总产值超过上海位列第三，在原创性技术上有优势。

深圳的创新很重要的一条经验，就是打通了从实验室到新产品、新产业的创新链条。比如，中国科学院深圳先进技术研究院构建了"四位一体"的微创新体系，培育企业达 600 多家，2020年国内发明专利申请量和专利授权量位列中科院前两位，PCT（Patent Cooperation Treaty，专利合作条约）专利申请量在全国科研单位中居第一。

（四）深圳科技创新存在问题短板

第一，基础研究原始创新相对薄弱。深圳研发投入强度居全国前列，但基础研究投入不足。2020 年，深圳在基础研究上的投入为 72.82 亿元，占全市 R&D 经费的比重为 4.82%，低于北京（16.0%）、上海（7.9%），远低于以色列（20%）。

第二，国家级重大创新平台较少。深圳国家重点实验室仅有6 家，而北京有 116 家、上海有 44 家，广州有 20 家。国家"十一五""十二五""十三五"规划建设的国家级重大科技基础设施共有 38 项，无一项在深圳布局，2021 年深圳只有 1 项国家重大科技基础设施，远低于北京的 11 项和上海的 14 项。高水平大学建设还有差距，2021 年深圳只有 15 所普通高等学校，而北京有93 所、上海有 64 所、广州有 82 所。

第三，核心技术基础不强。电子信息产业"缺核少芯"问题严重，90% 以上的芯片都依赖进口。操作系统被美国垄断，核心工业软件与世界先进水平存在代差，存在被以美国为首的发达国家"卡脖子"风险。

第四，部分关键零部件受制于人。核心芯片、电子元器件、机器人核心部件、工业母机等关键领域仍存在不少薄弱环节，与国际先进水平尚存在较大差距。一些核心技术、关键零部件、重大装备受制于人。

第五，高端人才尤其是尖端人才不足。深圳全球高精尖人才特别是从事核心技术研发攻关的创新人才仍比较短缺。如，2018年全职院士方面，北京756人，上海177人，深圳仅41人（2021年最新数据为73人）。受金融、房地产等行业挤出效应和虹吸效应影响，高端研发人才和高技能人才纷纷从制造业领域流出，对制造业提质增效升级带来较大冲击。

（五）科技领域存在重大风险

习近平总书记在2021年两院院士大会上指出，科技是发展的利器，也可能成为风险的源头。受当前国际形势影响，以美国为首的发达国家为了维护自身利益，对我国实行技术遏制，以技术专利垄断市场和技术标准优势加强技术壁垒，禁止向我国出口部分技术与产品，限制科技人员的交流与访问，使得我国科技交流渠道受限。深圳市科技领域存在重大风险，主要表现为面临前沿技术来源切断的风险、国际市场外拓阻滞的风险、高端人才引育受阻的风险、国际诉讼仲裁的风险等四大方面。

深圳40年的创新发展，有力地推动了经济的转型发展，取得了巨大成就，是世界城市发展史上一大奇迹。但是，创新发展实践中存在的上述问题和突出短板若得不到解决，将会制约深圳的可持续创新发展。

二、主要做法

为贯彻落实习近平总书记对科技领域重大风险的"五要"要求，坚决甩掉"卡脖子"之手，深圳全面激发创新活力，构建以企业为主体、市场为导向、产学研深度融合的技术创新体系，构建"基础研究＋技术攻关＋成果产业化＋科技金融＋人才支撑"

的全过程创新生态链,构建以创新为引领的现代化产业体系,推动产业链、创新链、人才链、教育链"四链"深度融合,在新时代走在前列、新征程勇当尖兵,再上新台阶。

(一)加强体系建设和能力建设

第一,改革优化科技计划体系。发挥政府引导和市场运作协同作用,通过新设、拓展、整合和取消一批科技计划项目,形成包括深圳市自然科学基金、人才和载体专项、重大科技专项、企业创新专项、协同创新专项等"一类科研资金、五大专项、二十四个类别"科技计划体系,实现体系架构市场化、关键环节国际化、政府布局主动化、高校支持稳定化、人才支持梯度化、深港澳合作紧密化、国际交流全面化,进一步突出企业技术创新主体作用,发挥深圳市场化优势,承接国家重大科技项目成果。精简整合计划体系,与原有计划体系相比,专项数量由 8 个减少到 5 个,计划类别由 35 个减少到 26 个,计划体系总体布局合理、功能定位清晰。坚持国际化、市场化、科学性、协同性、可行性原则,借鉴美国 NIH(美国国立卫生研究院)、NSF(美国国家科学基金会)、DARPA(美国国防高级研究计划局)等国外先进经验,学习北京、上海等国内城市的先进做法,落实国家科技改革措施,以问题为导向,以需求为牵引,建立遵循科研发展规律、对接国际通行规则、适应新时代发展需求、创新性与规范化并重的科技计划管理体系。

第二,提高科技资源利用效能。在深圳科技创新资源共享平台的基础上,探索建立租赁平台、大湾区共享平台,推动科技资源共享。科技资源共享服务包含科学实验、检验检测等活动,涉及的实验样品包括动、植物及其产品,微生物、生物制品,人体组织、血液制品等,此类物品属于海关出入境管制物品,出入境流程较烦琐，甚至无法运输，在一定程度上影响科研活动的研究进度。目前，深圳市设立市大型科学仪器设施资源共享平台，推动科研设施开放共享，搭建中小企业与高校、科研机构合作的桥梁，截至 2021 年 10 月，该共享平台已汇集 524 家仪器管理单位，仪器总数 11388 台套，开放共享仪器数 7336 台套，开放共享率 64.42%，实现科技资源互联互通，推动科技资源共享，提高科技资源利用效能。

第三，明确创新主体在创新链不同环节的功能定位。企业是技术创新、技术攻关的主体，高校是知识创新、基础研究的主体，科研机构要发挥成果产业化的纽带功能，进一步激发各类主体创新激情和活力。

（二）加快补齐短板

第一，突破基础研究短板。习近平总书记指出，基础研究是科技创新的源头。持续加大基础研究投入力度，颁布实施《深圳经济特区科技创新条例》，明确基础研究投入机制，以立法形式明确规定投入基础研究和应用基础研究的资金不低于科技研发资金的 30%，建立财政科技专项资金投向基础研究和应用基础研究的长效机制。深圳市科技研发资金对基础研究的投入从 2017 年的 10 亿元增长到 2020 年的 44.85 亿元，占比从 16.29% 提高到 38% 以上。实施高校稳定支持计划，每年出资 8000 万元参与组织实施区域创新发展联合基金（广东）、粤深联合基金。2021 年首次面向 11 所院校实施稳定支持计划，资助超 2 亿元。同时，引导企业和社会力量支持基础科学研究，如腾讯率先发起设立"科学探索奖"，首批 50 位青年科学家获 1.5 亿元奖励。实施稳定支持，充分发挥高校在基础研究与学科布局的自主性和前瞻性，将稳定支持项目的立项权下放到高等院校，强化高校主体责任和科研人员主体地位。探索开展项目经费使用"包干制"改革试点，不设比例限制，由科研团队自主决定使用，在充分信任基础上赋予更大的人财物支配权，使科研人员潜心向学、创新突破。强化基础研究建设，高规格、大投入开展基础研究机构、广东省实验室和诺贝尔奖科学家实验室的建设工作。截至 2021 年底，已启动建设了 12 家基础研究机构、4 家广东省实验室和 11 个诺贝尔奖科学家实验室。

第二，突破核心技术短板。出台《深圳市技术攻关专项管理办法》，实施"揭榜挂帅""悬赏制"，构建重大项目、悬赏项目、重点项目和面上项目的梯度攻关体系，已立项资助 132 个重点项目，资助超 11 亿元。实施多层级、多主体联合技术攻关行动，2021 年启动全国首个"部市联动重点研发计划合成生物学重点专项"。鼓励采用产学研用以及产业链上下游联合攻关，突破一批关键核心技术，实现科技自立自强。按照"需求出发、目标导向，精准发力、主动布局"的总体思路，重点在 5G、新型显示、医疗器械、高分子材料等领域实施，进一步发挥政府对科技创新引导作用，采用科技重大专项的方式来持续推进解决关键核心共性技术难题。通过深入市龙头骨干企业调研，面对面沟通对接，帮助企业梳理凝练关键核心技术问题和技术参数指标，凝练关键共性技术需求，梳理填补"国内空白"关键共性技术，设立若干前沿科学技术难题，探索以"悬赏"方式，面向全社会公开征集解决方案，汇聚国内外智力资源，攻坚克难。落实《加快实施进口替代战略　提升深圳制造业核心竞争力工作方案》，长远谋划实施进口替代战略，着力解决深圳市重要设备等进口依赖问题，提升自主创新能力和制造业竞争力。

（三）加强重大创新领域战略研判和前瞻部署

第一，以主阵地的作为加快建设综合性国家科学中心。规划建设一流的重大科技基础设施集群、一流的实验室体系、一流的科研机构，携手香港创建国家实验室，立足于补齐科技基础、原始创新短板，实施大科学装置发展战略，以全球视野、国际标准，集中力量规划建设一批世界一流的重大科学基础设施集群，筑牢创新可持续发展的基础。

第二，发挥深圳优势提升创新能级。发挥深圳国际化、市场化优势，系统布局建设一批世界一流水平的国家重点实验室、科研院所、研发机构、研究型大学，推进重大战略项目、基础前沿工程和研发与转化功能型平台建设，把握科技、产业发展的关键环节，抢占未来科技竞争制高点，突出关键共性技术、前沿引领技术、现代工程技术、颠覆性技术创新，主动布局，实施重大科技专项、技术共性项目、部市联动国家重点研发计划重点专项、省市联合基金等一系列组合拳，努力在基础研究、原始创新、应用基础研究等方面取得一系列重大突破性成果。

第三，促进产学研用协同创新。从制约发展最关键、企业需求最迫切的领域着手，支持行业龙头企业协同高校、科研机构开展关键核心技术联合攻关。围绕共性技术、关键零部件和高端装备等受制于人的重大瓶颈问题，进一步加大支持强度，将采用重大技术攻关项目的方式持续推进，单个项目的最高支持强度进一步提高。探索试行产学研用协同创新机制，由高新技术龙头骨干企业牵头承担项目，高等院校、科研机构和中小科技型企业联合参与项目研发。重点技术攻关项目源自高新技术龙头骨干企业的实际需求，将应用基础研究、技术研发与产业需求有机对接，有效缩短成果产业化的进程。研究探索产业链上下游联动模式，以需求为导向逐步向产业链上、下游延伸。产业上下游企业联合攻关，下游用户企业提出需求，与上游企业联合攻关，既增厚了高新技术龙头骨干企业发展"安全垫"，也培育扶持中小科技型企业做优、做大、做强。

（四）强化重大战略科技力量建设

第一，鼓励重点企业承担国家重大科技任务。广泛调研、遴选一批有一定优势且可能在关键领域实现科技自主的行业龙头企业，支持其承担国家重点研发计划和"科技创新2030—重大项目"等国家技术攻关重大项目，实现有针对性的多点突破。

第二，加快推进与国家战略科技力量的深度合作。争取中国科学院已建、在建和未来建设国家大科学装置服务深圳，研究探索建立深圳科学院，壮大科技力量。加快推进与中国科学院开展全方位、多层面的深度合作，促进深圳高科技源头创新能力提升，支持鼓励中国科学院在深圳布局重大科技基础设施，聚拢大设施核心研发能力。积极协调促进中国科学院在粤布局的重大科技基础设施加强与深圳市的深度合作。将中国科学院的珠三角等华南地区的布局与深圳高校的创新资源有效结合，形成创新集聚效应。

第三，探索建立科研项目攻关动态竞争机制。将一次性资助调整为分阶段资助，根据科研团队研究进展情况，在项目前期，遴选一批具备基础和经验的研发团队给予分散化、小额度的资助；在项目中期，通过评审筛选出研究进展较好的团队加大资助力度；在项目后期，对达到或超过预期目标、取得实质性突破的团队，集中资源给予重点支持，实现科研攻关由单一主体向多元化竞争转变。2020年，深圳以"赛马制"竞争、"里程碑式"资助方式开展"重症呼吸机关键技术及核心零部件"等疫情应急技术攻关重大项目。

第四，加快国际科技文献数据中心建设。开展国际科技信息中心建设规划，构建以"两中心四平台"为核心的国际化、立体化科技信息及服务体系，"两中心"是指深圳市科技文献中心、国际科技交流中心，"四平台"是指粤港澳大湾区科研设施与仪器设备共享及服务平台、全球高层次科技专家平台、全球科技政策及科技发展监测平台、粤港澳大湾区科研机构及科技成果平台。开展科技文献资源保障建设，包括规模化进行数字资源建设，丰富科技文献资源语种、学科与类型；建立科技文献数字资源数据存储，以便在停止购买或是无法访问境外服务器时开放使用；科技文献资源使用范围扩大到全市科研机构与科研人员，提高科研人员科技创新效率。

（五）在"三评改革"上率先全国突围

第一，项目评审大力推行"主审制"。2018 年，在全国率先以"主审制"评审了 218 个重大科技计划项目，其中重点技术攻关项目 23 个，孔雀团队项目 195 个。从已完成主审制评审的情况来看，主审专家评审时间充足，评审专家讨论充分，有利于评选出真正优质项，得到了参评专家和项目申报者的一致好评与欢迎。进一步大力推广"主审制"，对科技重大专项、技术攻关重点项目和海内外高层次团队（项目）等科技计划项目推广实施与国际接轨的"主审制"。

第二，人才评价积极推行"代表作"评价。新设博士基础研究启动项目、优秀青年基础研究项目和杰出青年基础研究项目，突出人才梯度培养精准扶持，建立从博士到诺贝尔奖科学家的各层次人才支持计划。突出品德、能力、业绩导向，克服唯论文、唯职称、唯学历、唯奖项倾向，推行"代表作"评价制度，注重标志性成果的质量、贡献、影响。

第三，机构评估探索推行"里程碑式"管理。近几年，深圳市在国家重点实验室、省实验室、基础研究机构、诺贝尔奖科学家实验室等重大科技创新载体平台建设方面打出了一套"组合拳"，取得了积极成效。对创新载体的管理与稳定支持亟须突破，针对重大创新载体探索试行关键节点"里程碑式"管理，建立灵活的"分类管理、动态调整、绩效评估、稳定支持"机制，做大做强一批重大创新载体平台，发挥科技引领带动作用。

（六）加快科技安全预警监测体系建设

第一，加强对世界科技发展趋势的把握，下好先手棋。在新一轮科技革命和产业变革中抢占制高点，掌握战略主动。瞄准世界科技产业前沿，在七大战略性新兴产业的基础上，加强形势研判，抢抓有可能主导第四代科技革命的第三代半导体技术和主导第五代科技革命的量子科学，率先前瞻布局新一轮科技产业发展重点，强化关键共性技术、前沿引领技术、现代工程技术、颠覆性技术创新，构建具有国际竞争力的产业技术体系。

第二，大力弘扬科学精神，加强科研伦理和学风建设。坚持预防与惩治并举，坚持自律与监督并重，对严重违背科研诚信要求和违反科研伦理道德的，实行终身追究、联合惩戒，不得承担政府财政支持的所有项目。探索建立人工智能、机器人、细胞与基因等新兴科技领域伦理风险评估和审查制度，加快形成激励与约束有效、审慎与控制结合的伦理治理体系。发挥科研主体的主体责任，增强科研人员和科研管理人员遵守伦理规范的自觉性和主动性，大力弘扬科学精神。

第三，建立健全科研管理制度，加强对科研资金安全的监管。项目承担单位是科研项目资金管理的责任主体，对科研项目资金实行专账管理，单独核算，专款专用，并对拨付科研项目资金支出的真实性、合法性、完整性负责。建立健全科研项目资金内部管理制度、科研项目资金使用台账。加强对项目承担单位科研项目资金使用情况的监督管理，通过委托第三方专业机构或组织专家，定期或不定期对项目承担单位的资金使用情况进行检查。对于在检查、验收、绩效评价中发现项目承担单位未按项目合同使用资金等情况的，将其列入科研信用异常名录，限制其后续科研项目资金的拨付和科研项目的申报。

第四，坚持高端人才引进培养并重，加大人才储备力度。开创深圳科技创新事业新局面的最关键因素是人才，加快集聚一批国际化的创新型人才，为一流人才的科研攻关和技术创新搭建更好更高的平台。减少国际引才宣传，加强本土人才培养力度，出台《深圳市优秀科技创新人才培养项目管理办法》，在数学、物理等 8 个学科领域布局基础学科领域人才培养，建立起从博士、博士后到优秀青年、杰出青年的青年优秀科技人才成长全周期支持机制，切实增强潜心基础研究的获得感，造就一批新时代创新人才。同时，通过加强深港的科技创新合作，充分发挥香港在科技创新特别是基础研究方面的优势，争取将香港众多熟悉国际惯例、掌握科技前沿知识的高端人才为深圳所用，并借助香港吸纳国际人才。印发《深圳市外籍"高精尖缺"人才认定标准（试行）》，将七类人才认定为深圳市外籍"高精尖缺"人才，为其办理 R 字人才签证提供便利。

三、经验启示

（一）必须发挥新型举国体制优势，打通"卡脖子"链条各环节

深圳作为我国改革开放前沿阵地、科技创新高地，毗邻港澳

地区，在科技创新及其产业化发展方面有其自身优势。但深圳毕竟是个年轻的城市，其科研布局、人才沉淀、设施配套等方面与内陆城市相比还有一定差距，必须发挥新型举国体制优势，把内陆城市纯基础研究优势与深圳应用基础研究优势相结合，集中国内资源、优势互补，才能有效攻克"卡脖子"问题。

（二）必须发挥政府作用，引导科研机构构建高质量发展的科研体系

要坚持政府"引导而不主导、补位而不越位"原则，通过设立基础研究专项（自然科学基金），加大财政投入力度，持续投向基础研究和应用基础研究；设立高等院校稳定资助项目，实行财政相对稳定投入，支持高等院校开展基础与应用基础研究；设立科技重大专项，实施技术攻关项目、承接国家重大科技项目、悬赏赛等措施，发挥政府作用，引导企业积极参与、集中力量突破关键核心技术，着力解决"卡脖子"问题。

（三）必须遵循科研规律，建立健全科学、开放的科研项目管理机制

首先要改革项目产生方式。采用企业提出需求和专家遴选评议相结合的方式确定项目选题。坚持市场导向和问题导向，面向市场和深圳优势产业，融合港澳资源，分别从需求侧和供给侧寻找线索搜集亟待解决的"卡脖子"项目，梳理出具有产业共性需求、解决关键核心技术受制于人问题的选题建议，在此基础上，邀请行业技术专家遴选评议，以此凝练确定项目指南。其次要实施重大项目"主审制"。邀请国际和港澳知名专家学者担任主审专家，评审遴选产生技术攻关重点项目、重大项目等重大科技计划项目；建立全球遴选评审专家、主审专家提前审阅、评审结果公开与异议申诉、评审信用监督管理等机制，构建"全球视野、科学规范、公开透明"的项目评审体系。再次要探索实施攻关项目"悬赏制"。根据市场需求和公共利益需要，政府主动布局，遴选一批核心技术、关键零部件，面向全球征集解决方案。鼓励企业向全球发布项目指南，联合国际知名科研机构开展联合攻关，汇聚全球智力资源攻坚克难。最后要建立科研项目攻关动态竞争机制，推动提升研发效率和成功率。

（四）必须创新科技成果转化方式，构建产业化服务体系

首先要创新成果产业化机制，探索搭建"楼上楼下"创业综合体，打通从原创发现到工程技术开发到中试转化再到产业化的通道，通过"沿途下蛋"模式辐射带动相关产业的发展。其次要开展科技成果所有权改革，赋予科技人员职务科技成果所有权或长期使用权，建立科技成果评价激励机制。再次要建立"创新联合体"、实施"链长制"，加大高质量创新成果供给。按照"理技融合、研用结合"，建立纵横交错、互联互通"创新联合体"，实施清单式排查、矩阵式布局的"链长制"，围绕产业链部署创新链，开展"大兵团、长战线"作战，多渠道加大投入、催生更多原创成果。最后要探索高新技术龙头骨干企业牵头、中小企业积极合作、高等院校、科研机构参与研发的产学研用协同创新机制，构建起促进成果产业化的全方位、全过程、全领域完备支撑体系。

（五）必须激发人才创新活力，打造国际化创新型人才队伍

"卡脖子"卡的是"我无人有、我有人精"，解决被卡问题，必须依赖创新驱动，"高精尖"人才是实现创新驱动的基石，同时也是深圳目前的短板。通过持续加大基础研究投入、加强本土人才培养、壮大科研团队规模、加强深港创新合作、改革科研项目管理机制、创新科研成果转化方式等一系列措施，为一流人才

的科研攻关和技术创新搭建一流的创新平台，营造"想创、能创"的国际化创新型人才环境，壮大创新型人才队伍。

【思考题】

1. 习近平总书记关于防范化解科技领域重大风险重要论述的要点有哪些，对解决核心技术和关键零部件"卡脖子"问题有何启示？

2. 为什么要防范化解科技领域重大风险？

3. 深圳防范科技领域重大风险的举措有哪些可复制可推广的经验？

4. 深圳防范科技领域重大风险还面临哪些问题和挑战？可提出哪些改进意见？

大力推进制造业数字化转型[*]

——以广州明珞装备股份公司为例

【摘要】制造业数字化转型已经成为制造业转型升级的主要形式。广州制造业正以数字制造、智能制造作为重要抓手，积极打造产业数字化、智能化生态，推动"广州制造"向"广州智造"转变。制造业数字化转型作为其关键步骤面临如下六大困境：一是战略规划引导弱；二是跨界融合难；三是创新协作不强；四是转型基础相对薄弱；五是工业数据权属认定不明；六是数字化人才及相应文化短缺。因此，未来提升制造业核心竞争力、实现"广州制造"转变为"广州智造"，必然倒逼广州突破六大困境，成功探索制造业数字化转型的运行规律与实施路径。

广州明珞装备股份有限公司（简称"明珞"）作为习近平总书记赞道"中小企业能办大事"的民营企业代表，是广州智能制造与工业互联网建设的重要参与者。尽管该公司成立只有十多年，

---

* 本案例由中共广东省委党校（广东行政学院）经济学教研部主任周立彩副教授、张震副教授，中共广州市委党校教育长陈晓平，习近平新时代中国特色社会主义思想研究中心林柳琳副教授，哲学与文化教研部副主任段秀芳副教授、葛思坤副教授撰写。广州明珞装备股份有限公司给予了大力支持。

但已从一家传统汽车装备集成商，蝶变为全球数字制造工业4.0领域的"翘楚"。这一蝶变过程既为智能制造未来发展方向带来启发，也为制造业数字化转型提供路径与经验。本案例以广州明珞数字化发展历程为例，深入剖析其数字化转型升级过程中的主要做法，凝练升华其主要经验，为有针对性地解决广州制造业数字化转型存在的主要问题提供有益探索与重要参考。

【关键词】制造业数字化转型　智能制造　新发展格局　转型路径

2021年10月18日，习近平总书记在中共中央政治局第三十四次集体学习时强调，把握数字经济发展趋势和规律，赋能传统产业转型升级，要坚持以供给侧结构性改革为主线，加快发展数字经济，推动实体经济和数字经济融合发展，推动互联网、大数据、人工智能同实体经济深度融合，继续做好信息化和工业化深度融合这篇大文章，推动制造业加速向数字化、网络化、智能化发展。制造业数字化转型是抢抓新一轮科技革命和产业变革机遇的必然选择，对于"十四五"开好局、起好步意义重大。在新时代我们必须坚持以习近平新时代中国特色社会主义思想为指导，深入贯彻落实党中央、国务院决策部署，立足"两个大局"，心怀"国之大者"，加速制造业数字化、网络化、智能化发展。加快推动制造业数字化转型，是广东省立足新发展阶段、贯彻新发展理念、构建新发展格局，推动高质量发展的战略举措，也是促进经济平稳健康发展、提升产业链现代化水平的必然选择。"千年商都"广州作为广东省省会城市，在制造业数字化转型方面面临着前所未有的挑战和机遇。

一、背景情况

（一）制造业高质量发展是经济高质量发展的重中之重

制造业作为一个国家或者区域经济发展的脊梁，也是未来大国崛起的重要支撑。2021年习近平总书记指出："制造业高质量发展是我国经济高质量发展的重中之重，建设社会主义现代化强国、发展壮大实体经济，都离不开制造业。"对于城市而言，发展制造业的重要战略意义在于能够为科技研发创新与应用提供坚实的产业载体，因此"重拾"制造业是持续保持城市发展活力的基石。广州是国家先进制造业重要基地，华南地区工业门类最齐全的城市，制造业综合实力和配套能力位居全国前列，在全国一线城市中率先获批试点示范城市、首批国家服务型制造示范城市，被联合国工业发展组织授予"全球定制之都"称号，入围全国数字经济"五大引领型城市"。由此可见，基于雄厚的产业发展基础和综合实力，广州制造业能否实现高质量发展将成为影响广州能否实现经济高质量发展的关键因素之一。

（二）制造业数字化转型是制造业高质量发展的必由之路

1. 制造业发展正迈向数字化与智能化发展新阶段

当前，制造业正迈向新发展阶段。伴随着新一代信息通信技术的持续创新和渗透扩散，新一轮工业革命正在全球范围孕育兴起，制造业正迈向体系重构、动力变革、范式迁移的新阶段，加速向数字化、网络化、智能化方向延伸拓展，万物互联、数据驱动、软件定义、平台支撑、组织重构、智能主导正在构建制造业的新体系，正成为全球新一轮产业竞争的制高点。工业革命300多年来，从机械化、电气化、自动化到智能化，技术变革是永恒的主题，在新一轮产业革命背景下，以互联网、大数据、人工智能为代表的新一代信息通信技术与制造业加快融合发展，正在全方位重构制造效率、成本、质量管控新体系，全方位重塑制造业的生产主体、生产对象、生产工具和生产方式（见图1）。

图1　人类与四次工业革命

2. 制造业发展呈现数字化发展新趋势与新特点

一是谁来生产（Who）在变。生产主体从生产者向产消者（Prosumer）演进，个性化定制模式的兴起让消费者全程参与到生产过程中。二是生产什么（What）在变。伴随着万物互联时代的到来，生产对象从功能产品向智能互联产品演进，可动态感知并实时响应消费需求的无人驾驶、服务机器人等智能化产品的商业化步伐不断加快。三是用何工具（Which）在变。信息技术革命使得工业社会传统的以能量转换为特征的工具被智能化工具所驱动，形成了智能工具——具备对信息进行采集、传输、处理、执行的工具。当前，数字化技术使劳动工具加速智能化，生产工具从传统的能量转换工具向智能工具演进，3D打印、数控机床、智能机器人等智能装备快速涌现。四是如何生产（How）在变。伴随着新一代信息技术的发展，实体制造与虚拟制造加速融合，推动生产方式从传统制造的"试错法"到基于数字仿真的"模拟择优法"转变，构建制造业快速迭代、持续优化、数据驱动的新生产方式。五是在哪生产（Where）在变。网络化协同制造、分享制造等制造业新模式推动生产地点从集中化走向分散化，跨部门、跨企业、跨地域的协同成为常态，尤其是分享制造的发展，构建起了检测、加工、认证、配送等制造能力标准化封装、在线化交易的新体系，推动制造能力在全社会范围内进行协同（见图2）。

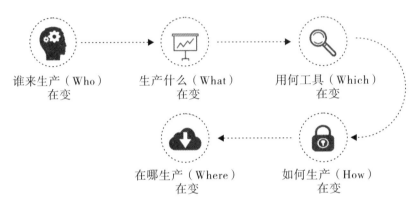

谁来生产（Who）　　生产什么（What）　　用何工具（Which）
在变　　　　　　　　在变　　　　　　　　在变

在哪生产（Where）　　　　　　如何生产（How）
在变　　　　　　　　　　　　在变

图2　制造业体系重构的新趋势特点

（三）制造业数字化转型是构建新发展格局的必然要求

随着新一代科技革命和产业变革潮涌，越来越多的国家把发展数字经济作为推动经济增长的重要途径。其中，积极促进新一代信息技术和制造业深度融合，大力发展先进制造和智能制造，是各国普遍采取的重要举措。我国制造业规模庞大、体系完备，但大而不强问题突出。尤其是传统制造业，自主创新能力不强，生产管理效率较低。在我国制造业低成本优势逐步减弱的背景下，必须着力提高产品品质和生产管理效率，重塑竞争优势，数字化转型正是提升制造业竞争力的重要途径。制造业数字化转型既是抓住新一轮科技革命和产业变革浪潮的要求，也是深化供给侧结构性改革、夯实国民经济发展基础的需要，通过打通生产、分配、流通、消费等社会生产各环节的堵点，联通产业链、价值链的断点，有效促进国内大循环的畅通。

其一，在生产环节方面，有利于提高供给质量，实现降本增效。数字技术在制造业中的应用可以从多方面改善生产环节的供给能力。在研发设计领域，虚拟仿真、人工智能等数字技术能显著降低研发成本、提高研发效率，加速科学研究进程与科技成果的工程化、产业化，加快新产品上市速度；在生产现场，依托物联网、大数据、工业互联网、人工智能等数字技术，可以实现对设备、生产线、车间乃至整个工厂全方位的无缝对接、智能管控，最大限度地优化工艺参数、提高生产线效率；在品控方面，使用人工智能技术，可以提升质检效率和水平，有效提升良品率。

其二，在分配环节方面，有利于稳定就业岗位，增加劳动者收入。制造业数字化转型可以从多方面稳定就业、增加劳动者收入。一是机器人、人工智能等成熟数字技术可以显著提高劳动密集型环节的劳动生产率，保持我国的综合成本优势，减缓劳动密集型产业外迁速度，保持就业机会。二是通过数字化转型推动制造业创新能力和生产效率提升，改善盈利状况，从而扩大劳动者收入增长的空间。三是制造业产业链长，制造业数字化发展能够带动产业链上下游的中小配套企业、生产服务型企业的成长，不断创造出新的就业岗位。比如，制造业的数字化转型会对新一代信息技术产业、数字化智能化解决方案产业等提出更高的要求，创造一批高收入的工作岗位。

其三，在流通环节方面，有利于构建便捷销售渠道，实现供需高效连接。畅通流通环节的关键是实现产销之间信息、数据的顺畅流动，这是数字技术的天然优势所在。电子商务的发展及其模式的不断创新为制造企业提供了成本低、覆盖广、效率高的流通渠道。比如，制造企业直接建立在线销售渠道可以减少流通环节，实现与消费者的直接对接，大幅度降低流通成本。

其四，在消费环节方面，有利于精准定位消费者需求，实现供需动态平衡。数字技术的发展和应用使"以消费者为中心"的理念真正具备了落地基础。一是通过对用户搜索、购买、评论、使用等全过程数据的全面收集和深入分析，制造企业可以更加精准地判断消费者的消费特点及其对产品的要求，从而开发适销对路的产品。电商平台对海量消费数据的分析能够形成对产业消费特征及其变化趋势的全景图谱，为制造企业的新产品开发提供参考。二是在机器人、3D打印、人工智能等数字技术的推动下，制造系统变得更柔性化，能够以较低的成本、更快的时间为消费者生产、交付有独特个性的商品。三是柔性化制造系统、物联网等技术，能够支撑企业、用户及其产品建立实时连接，通过对数据的深度分析挖掘，在产品基础上开发在线监测、远程运维、个性化定制等增值服务，从而更好地服务客户和消费者。

（四）制造业数字化转型是抢占数字经济制高点的重要举措

习近平总书记十分重视数字经济的发展，在中共中央政治局第三十四次集体学习时强调，数字经济健康发展有利于推动构建新发展格局，数字技术、数字经济可以推动各类资源要素快捷流动、各类市场主体加速融合，帮助市场主体重构组织模式，实现跨界发展，打破时空限制，延伸产业链条，畅通国内外经济循环。数字经济健康发展有利于推动建设现代化经济体系，数字经济具有高创新性、强渗透性、广覆盖性，不仅是新的经济增长点，而且是改造提升传统产业的支点，可以成为构建现代化经济体系的重要引擎。数字经济健康发展有利于推动构筑国家竞争新优势，当今时代，数字技术、数字经济是世界科技革命和产业变革的先机，是新一轮国际竞争重点领域，我们要抓住先机、抢占未来发展制高点。

（五）广州制造业数字化转型亟需创新性探索

目前广州制造业正以数字化与智能制造作为重要发力点，主动转向数字化、智能化，其制造业发展取得了长足进步，智能产品的份额正在逐年递增，"广州制造"正向"广州智造"转变。但相关资料表明，广州研发、制造、营销等环节的数字化指标值较高，集成互联、智能协同指标值较低，说明广州制造业数字化改造进展较快，但在网络化、智能化方面的数字化转型进展依然较慢。广州制造业数字化转型面临的主要问题包括：

1. 战略规划引导弱

尽管很多广州制造企业数字化转型的意愿强烈，但普遍缺乏清晰的数字战略与转型路线图，不清楚该从哪里入手、最终愿景是什么。企业或相关组织对数字化转型缺乏整体性的战略规划，表现在对当前数字化水平认知不足，从而无法客观地判断传统制造业数字化转型与不转型两者间的差距，因而对所需补强的能力认识不到位。战略规划引导弱导致战术安排上失衡，通常价值链的单个环节迈的步伐大，但其他环节没有加入，从而达不到转型效果。

2. 跨界融合难

总体而言，广州制造业数字化转型中缺乏跨部门、跨领域以及跨企业的协调融合能力，导致转型企业的潜能得不到最大程度发挥，变革的速度也受限。就企业内部业务战略的数字化转型而言，需要同时跨多个部门，通常在分工、组织、协调等都会出现新的困难。就产业层面的数字化转型而言，更是需要供应链产业链上下游企业之间联合协作、合作共赢。而在分工日益精细化的今天，这种新的跨界融合往往较难实现。

3. 创新协作不强

数字化转型意味着企业亟需提升创新能力。数字化转型过程就是要创造新的并破坏既有的产业产品及价值链生态，这个创造和破坏的过程主要不是通过价格竞争，而是依靠创新竞争实现。创新的业务模式，必然打破旧有格局，也面临着人员、技术、现有设备等历史包袱的挑战。数字化的集成，需要在现有基础之上实现多种创新融合，而目前广州制造业不论是产业间（跨界）还是产业内部均缺乏有效的创新协作机制，尚未形成明显的创新协作效应。

4. 转型基础相对薄弱

在数字经济时代，数据是核心，是制造企业数字化转型的关键和基础。当前，广州绝大多数制造企业的数字化转型尚处于初级水平，"技术＋业务＋数据"深度融合、共同发力程度不够，转型能力还比较薄弱。同时，制造企业尤其是广大中小制造企业受技术、资金、人才等因素限制，推进数字化转型困难重重，迫切需要专业化的第三方服务团队给予帮助。

5. 工业数据权属认定不明

工业大数据既是资源也是资产，其权属是否清晰，直接关系到"大数据＋"能走多远，关系到工业企业数字化转型进程的快慢。从调研中得知，目前并没有明确的针对不同来源的工业大数据的所有权、使用权、管理权、交易权和享有权等的法律规定，数据权属和收益分成大多在企业层面以合同方式约定履行，极易引发数据滥用、数据产权纠纷等问题。

6. 数字化人才短缺及相应文化尚未形成

数字人才的短缺是广州制造业数字化转型中面临的一大短板，

仅仅掌握信息技术的专才将不再适用。同时，数字化转型也是文化重塑的过程。除了技术的更新，更重要的是敏捷、试错、反思、学习、尊重、平等、用户导向等适合数字化时代的新文化，而广州尚未形成这样的文化。只有自上而下形成共识，认知和践行数字化时代的新文化，做到以人为本，服务于人，激发全员主动性，才能促进制造业数字化转型成功。

二、主要做法

（一）明珞数字化起航的历程

"明珞"来源于《尚书·君陈》"明"德惟馨与《李进之迁轩》欹嵌历"珞"中的两字，寓意坦荡行事、坚守信念、不畏险阻、实现理想，也是"明珞"董事长姚维兵从大学时期沿用至创业期的笔名，代表艰苦奋斗的精神，以及"是金子总会发光"的理念。十多年前，姚维兵开始创业，当时公司只有 6 个人，手里仅有 15 万元，早期他甚至抵押了房子积极投入到明珞的事业中。而在他的坚持之中还带着一点"固执"，在赚取"第一桶金"的同时，他不顾质疑，将大部分的钱都投入到员工的新技术培训中，培训内容包括在当时非常超前的数字工厂模拟仿真技术、内部数字管理系统等。"为未来做准备"，姚维兵看到了公司要做大，必须应用这些技术，"永远比别人多看 3～5 年"。

把设计、制造、生产、运营维护一体化是明珞近年来对自己提出快速创造更多价值的要求。2018 年 10 月 24 日，习近平总书记来广州市黄埔区考察，在明珞公司的展厅会见了众多中小企业家。姚维兵回忆说："向总书记汇报的时候，我重点讲的就是数字制造与工业互联网大数据的结合，还有全球首创的人工智能的自动设计，以及全球自主研发的第一台流水线。"

"多干一点、再快一点、看得再远一点、公司再做得大一点……""把……做得再好一点"是姚维兵接受采访时的习惯用语，简单朴素地道出姚维兵带领明珞从最早的总拼技术到现在的数字化转型一步一个脚印的发展过程。图3展示了明珞发展历程中的重要时间节点。

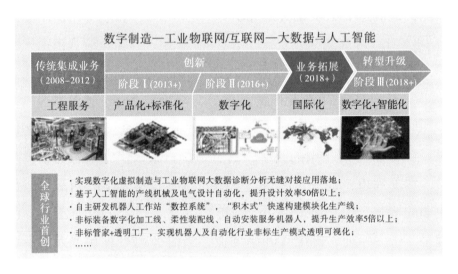

图3　明珞制造业数字化转型发展历程图

（二）明珞数字化迅速崛起的主要举措

1. 顶层挂帅：数字化转型坚持"一把手"工程

数字化转型是企业战略层面的转型，这就从客观上需要企业"一把手"从整个企业发展的视角进行顶层设计统筹协调，不可能交由执行层"越俎代庖"。同时，数字化转型涉及组织、流程、业务、部门协作等一系列变革，涉及员工思想转变、管理优化、利益再分配等方方面面，没有"一把手"强有力的支持，只靠业务部门修修补补，往往举步维艰，最终将无疾而终归于失败。一直以来，姚维兵作为公司"一把手"，始终坚持着自我革命，自我否定的勇气，并摒弃路径依赖，重塑对企业发展与生存的认知，

坚持推进公司数字化转型。明珞数字化转型主要有几个过程:
2012 年之前,明珞是传统的集成商,主要解决生产和自动化的问题;2013 年开始,明珞做标准化的核心产品,包括组拼、传输机器人等产品;2015—2016 年,明珞做数字化管理、数字化设计、数字化制造;2018 年,明珞成为全球化的公司,现在在美国、德国、日本服务全球主要汽车行业,也在新能源、航空发动机等业务上进行了推进。2018 年开始进行数字化转型,变成了智能化数字化的公司。明珞实现了数字化虚拟制造与工业互联网大数据诊断分析无缝衔接应用落地,实现了全生命周期的数字化管理,包括用自主搭积木的方式构建智能生产线。每一个生产线的项目都是为客户定制,约 50 万个零件,以前的交付周期都要两年甚至三年,现在明珞通过标准化、数字化和智能化的方式,最快的生产线三个月就可以做完。

2. 标准先行:数字化转型第一要务是实现标准化

在着手实施数字化转型之前,需要企业在企业内部率先完成标准化,编制起一套企业内部的数据字典,建立统一的数据标准体系,为实现企业内各类数据的互联互通、相互理解提供保障。在实现标准化的基础上,需要构建数字化的标准体系,标准体系可划分为三种类型:技术型 [如云计算、区块链、CPS(信息物理系统)等],主要以技术的应用和操作为重点;产品型(如工业互联网平台),主要侧重于技术应用和产品服务方面;过程型(如信息化、工业化融合,智能制造等),涵盖范围广、类型多,侧重多个维度分析发展演进过程。基于以上分类特点,制造业数字化转型的标准体系可归属于过程型标准体系(见图 4)。

3. 分步实施:数字化转型需要分阶段"私人定制"

数字化转型没有针对所有行业和企业的"标准答案",每一

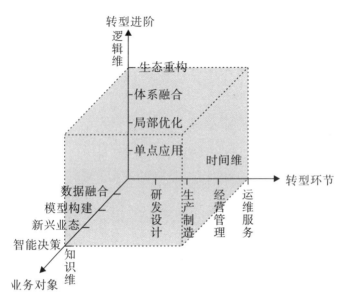

图4　明珞制造业数字化转型标准体系三维架构

家企业都需要探索属于自己的数字化转型之路。在实施转型前，企业首先要拥有顶层战略规划和长远清晰的转型目标，而在制定具体的转型路线和实施计划过程中，更需要企业结合自身发展情况以及在数字化转型中遇到的难点痛点作为转型切入点，个性化地制定符合企业和行业特点的数字化转型实施计划（见图5）。数字化转型的进程一般需要经历三个阶段，即"育珠""串链""结网"。"育珠"即培育数字化企业。利用数字化手段重塑企业的业务模式、技术范式、组织方式和文化意识，降低企业研发设计、生产制造、经营管理、运维服务等过程中的不确定性，提升企业竞争力。"串链"即构建数字化供应链产业链，增强供应链产业链的弹性和韧性，抵御供应链断链、移链等风险，保障企业可持续发展。"结网"即打造制造业数字化生态，通过建设数字化基础设施，提供全面的数字化配套服务，打造数字化集群，构建数字化网络生态，承接高频并发创新落地，发展新模式新业态（见

图6）。

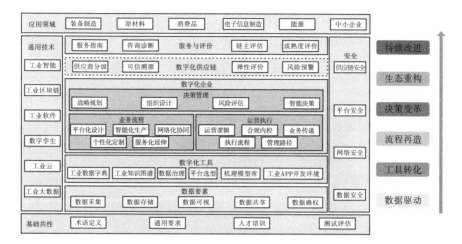

图5 制造业数字化的流程框架

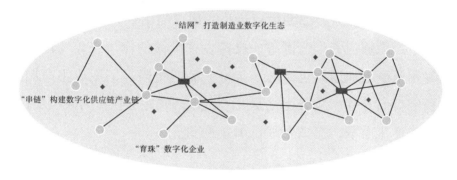

图例

● 数字化企业　≡ 数字化供应链　■ 数字化基础设施　◆ 数字化服务等
　　　　　　　　 产业链　　　　　 如：大数据中心、云计算　如：咨询评估、服务
　　　　　　　　　　　　　　　　　中心、超算中心、工业互　诊断、解决方案实施等
　　　　　　　　　　　　　　　　　联网平台等

图6 制造业数字化生态

4. 稳步提升：从智能制造向数字化平台与数字化赋能产业生态发展

明珞在数字化转型过程中，重点实施了"双层推进战略"：

第一层推进战略：全面推进智能制造。明珞基于标准化的智能制造的解决方案为智能制造提供了演进方向（即"五化"）：一是自动化，即替代人的生产，解决劳动力缺失、成本和稳定性问题；二是精益化，即提高设备利用率，将性能和利用率发挥到极致，实现最优的投入产出比；三是柔性化，即要满足多样化的生产，实现设备资产投资最大可能的通用化，尽可能将生产设备的投资风险最小化，并能够实现设备的回收再利用；四是数字化，即通过数字化打通设计、制造、物流、供应链等，缩短交付周期，加快新产品迭代周期；五是智能化，通过生产线智能化数据的自动反馈，进行故障预警排查、产线迭代更新。只有实现了这"五化"，才能契合工业 4.0 和"新基建"时代对于智能制造转型的核心需求，推动面向未来的标准化生产。总体而言，明珞的实践路径是"自动化 + 精益化 + 柔性化 + 数字化 + 智能化"相结合：即是解放人工提升效率的第一步是实现自动化生产。在此基础上，精益生产能够让资产、设备、投资发挥最大的作用。柔性化则是使专用资产更加通用化，进一步将产品的粗略折旧变成生命周期的精准折旧计算。在智能化发展的拐点，非标准化作为底层支持，进一步优化质量、提高生产效率（见图7）。

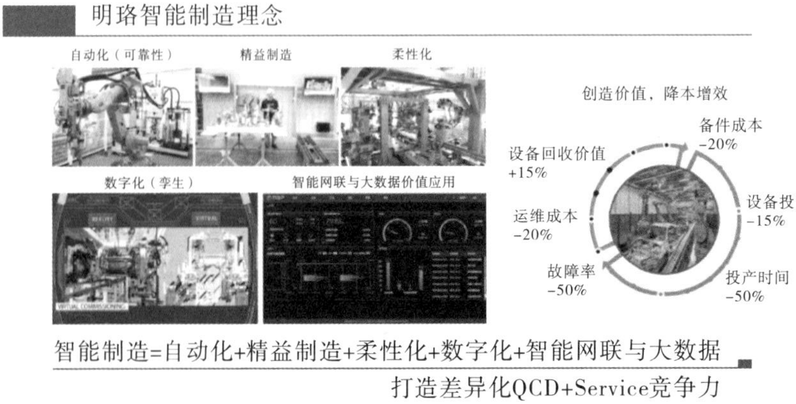

图7　明珞的智能制造理念

第二层推进战略：全力打造特色工业互联网平台与数字化赋能生态。目前，明珞已建设两个工业互联网服务平台和广东省CPS离散制造数字化创新中心。其中，工业物联网智能服务平台（MISP）、工业互联网服务平台智造家IME已经开始应用于智能制造升级。目前，MISP已经连接了1.4万台设备，未来三年时间准备连接百万台设备；智造家平台已连接了150多家企业，有上千个活跃用户，为企业提供供应链交易和生产管理服务。这两个平台即将引入最先进的5G技术，进一步助力向"中国智造"转型。在明珞创新体验中心，3个5G基站已在测试使用，2019年针对"明珞创新体验中心""明珞首条5G智慧产线"的两个应用场景落地实践，2020年结合试点经验把5G技术应用于明珞新总部。明珞在建的CPS离散制造数字化创新中心，构筑"生产线智能致据闭环"以打通所有制造业机器设备以及生产线前期规划、中期制造、后期应用的数据流，进而驱动制造业升级和转型，达到为整个制造业赋能的目的（见图8）。

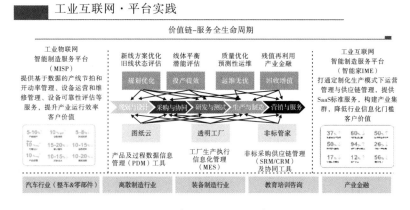

图8　明珞的工业互联网建设

三、经验启示

经过十多年的改革创新探索，明珞由传统汽车装备集成商发展为全球数字制造工业 4.0 领域里的领先企业，弥补了原始创新短板，加速了科技成果转化，逐渐成为全球数字化制造引领者。然而，对标国内外先进数字化、智能化高新技术公司，明珞还仅仅是"走完了万里长征的第一步"，初步构建起了数字化智能化生态系统，未来还需要更高质量、更高水平的发展。尽管如此，明珞在习近平新时代中国特色社会主义思想的指引下，企业创新能力从无到有、从弱到强，打造全球数字化制造引领者的经验值得借鉴。

（一）加强顶层设计与强化战略规划引导，走统筹推进制造业数字化转型发展之路

明珞的成功首先在于顶层设计。推进广州制造业数字化转型升级，需要加强顶层设计与统筹规划。要科学制定《广州市工业互联网产业创新工程实施方案》《发布工业互联网平台和服务商推进目录》《广州市制造业工业互联网规划》《广州市数字经济人才发展行动计划》等方案，对未来广州市制造业数字化转型升级的战略和实施步骤进行统筹安排，对各制造业行业的特征、需求、转型升级的路径进行分类研究，明确其在未来工业互联网发展中所处的位置和能够发挥的作用。对重点行业可坚持实施"一行一策"策略，逐步完善广州重点制造业数字化转型升级的政策方案和实操计划。

（二）合理解构转型任务，精准施策是攻克跨界融合难的关键

明珞按照制造业数字化转型的基本历程，在通盘考虑整体转型任务基础上，合理解构转型任务，集中力量精准攻克制造业数

字化转型难点。从攻克跨界融合难的视角来看，广州应结合实际状况积极主动建立以标识解析和5G为代表的工业互联网网络体系，打造技术多样、主体多元的平台集群，推动工业互联网安全和知识产权保护等方面的规划实施，积极打造工业互联网产业新业态，营造更加开放的国际国内交流环境等。

（三）紧扣产业数字化方向，开展产业链价值链创新合作是赋能制造业的重要路径

明珞的成功表明，制造业数字化转型是产业数字化的重要方向，其重要途径是对制造业开展合作创新赋能。"十四五"规划中对产业数字化作出了清晰的描述，指出要"深化研发设计、生产制造、经营管理、市场服务等环节的数字化应用，培育发展个性定制、柔性制造等新模式，加快产业园区数字化改造"。制造业数字化转型是利用新一代信息技术，加速数据的自动流动，实现制造业全要素、全产业链、全价值链的全面连接，推动制造业企业形态、生产方式发生根本性变革的程度和过程。既包括企业内部研发设计、生产制造、经营管理、运维服务等各环节的数字化技术和工具的应用，也包括企业间供应链产业链数字化协同以及文化、教育、服务等制造业数字化生态构建。制造企业的数字化转型目标是在不断变革发展的内外部环境中，保持更强健、更持续的生命力和竞争力。

（四）厚实数字化转型基础，开展数字化帮扶是推动制造业转型升级的重要切入点

明珞的发展离不开良好的发展环境。在未来，针对广州数字化基础总体相对薄弱状况，广州要建立针对全行业、全领域、阶梯式、分阶段、分重点、分规模、激励式的补贴体系。重点加大对专业型制造业平台的培育，加大对尚处于试验验证阶段的工业互联网平台的资金扶持。支持平台建设初期的基础性工作，对服务商为企业提供数据采集、存储、整理、分析、发掘、展现和应用服务的，可按照销售总额予以补贴。加大对小微制造企业的基础性和公益性扶持力度。多使用"免费""优惠"的手段，鼓励引导小微制造业、个人设计师等使用平台。由政府主导设立"广州制造业数字化转型发展"基金，通过政府资金撬动社会资本的参与，实现收益共享，推动数字化转型。探索"云服务商＋银行"合作模式，建立多方收益共享机制。支持工业互联网平台商、服务商与银行、保险、融资设备租赁等金融机构建立收益共享机制，开展基于平台工业大数据的新型金融服务试点示范。

（五）数字化转型离不开产业空间结构重塑，聚集效应是推动"广州制造"转为"广州智造"的内生因素

明珞的成功，离不开数字化产业与制造业在地理空间上的聚集和融合，明珞取得成功的同时也加快了这种聚集和融合，推动了优势产业集聚，在空间上形成数字化转型特色区域。未来为发挥数字化智能化的更大作用，广州应以黄埔、花都、番禺和白云四区作为推动制造业数字化转型的重点区域，选择数字化转型具有强烈需求的重点产业，以产业集群方式推动转型，根据各区优势产业集群的发育情况，有针对性地扶持专业平台、制定工业互联网方案解决区域产业数字化智能化发展问题。

（六）完善数据产权技术人才等要素制度，推动相关要素市场化流动是制造业数字化转型不竭动力

明珞经验表明，强化制造业数字化转型创新动力，需要不断推动技术要素自由流动，尤其是要明晰数据产权，加快数字化标准体系建设，加快技术和人才供给，加强相应数字文化与人才环境建设。推动产业数字化转型，加快数字技术的创新，需要着重加强核心数字技术的攻关，推进数字技术的原创性研发和融合性创新。未来广州要充分发挥高校和科研机构的作用，聚焦未来数字化发展方向，培育建设相关的优势学科和专业，加强人工智能、大数据、云计算等数字技术的基础研究，开展校企合作定向培养数字技术人才。同时，大力引进顶尖技术人才。依托人才资源，建立数字技术高效供给体系，推进制造业数字化转型升级。

【思考题】

1. 当前广州制造业数字化转型面临的难点有哪些？为什么要进一步加快制造业数字化转型？

2. 广州明珞装备股份有限公司数字化转型过程为广州实现制造业数字化转型提供了哪些启示与经验借鉴？

3. 如何进一步发挥好政府在推进广州制造业数字化转型过程中的服务作用？

【附录】广东省、广州市推动制造业数字化转型的相关文件

1.《广东省制造业数字化转型实施方案（2021—2025 年)》

2.《广东省人民政府关于加快数字化发展的意见》

3.《广州市推进制造业数字化转型若干政策措施（征求意见稿)》

产业扶贫是最直接、最有效的办法[*]

——以南雄市葛坪村扶贫产业发展为例

【摘要】 葛坪村位于广东省北部的南雄市澜河镇，是"九山半水半分田"的典型山区村。葛坪村基础设施和公共服务相对落后，乡村产业发展水平较低，缺乏主导产业，贫困人口较多，是南雄市贫困程度最深的两个相对贫困村之一。

习近平总书记指出："产业兴旺，是解决农村一切问题的前提。"葛坪村以习近平总书记关于扶贫工作的重要论述为指导，在各级党委、政府、对口帮扶单位等多方的全力支持和帮扶下，立足当地资源，抓牢抓好外部支持力量，积极发展"山下仙草环抱，山腰土鸡飞跑，山顶柑橘戴帽，电站稳定增效"的立体式乡村扶贫产业体系。

葛坪村在因地制宜积极发展乡村扶贫产业过程中，探索出"四个注重"的有效做法：注重构建乡村扶贫产业的立体式发展体系，注重建立支撑乡村扶贫产业的新型经营模式，注重激活乡村扶贫产业发展主体的内生动力，注重优化乡村扶贫产业的配套

* 本案例由中共广东省委党校（广东行政学院）经济学教研部曾小龙副教授、戴燕艳副教授、何苏燕副教授，中共韶关市委党校副校长赵倩倩、统战理论教研室副主任文豪、科研办副主任段鹏飞撰写。

措施。葛坪村通过"四个注重"在乡村扶贫产业发展方面取得显著成效，2020年全村所有贫困人口的人均可支配收入达到20639元，如期实现脱贫，村集体收入从帮扶前的1.3万元增加到2020年的20余万元。葛坪村发展乡村扶贫产业的有效做法不仅极大地提升了包括贫困户在内的村民和村集体的收入水平，还有效激发了贫困户的内生发展动力和主动脱贫意识，实现了政府帮扶从直接"救济"到支持贫困户"自救"的转变，为振兴乡村、共同富裕奠定基础。

作为经济发展相对落后的山区村，葛坪村打赢脱贫攻坚战，实现从"后队"变"前队"的目标。其乡村扶贫产业的成功和健康持续发展，可为乡村振兴全面推进提供借鉴经验：产业发展是实现和提升脱贫攻坚成果的内源动力，科学布局乡村扶贫产业项目必须尊重客观规律，促进乡村扶贫产业平稳健康持续发展必须坚持系统思维。

【关键词】乡村扶贫产业　脱贫攻坚　南雄市葛坪村

2018年10月23日，习近平总书记在广东省清远市连江口镇连樟村考察时指出："产业扶贫是最直接、最有效的办法，也是增强贫困地区造血功能、帮助群众就地就业的长远之计。要加强产业扶贫项目规划，引导和推动更多产业项目落户贫困地区。"2019年4月，中共广东省委书记李希强调，要选优配强农村基层党组织书记，带领广大农民发展特色产业、脱贫致富奔小康。建强农村基层党组织，大力发展"一村一品、一镇一业"富民兴村特色产业。葛坪村基于山区丰富的山林资源，抓牢抓好外部支持力量，科学构建富民兴村的乡村扶贫产业体系，实现平稳健康持续发展。

一、背景情况

葛坪村位于广东省南雄市澜河镇，是广东省北部生态发展区最深处的村落之一，距离南雄县城 36 公里，距离最近的高速公路出口 43 公里。全村总面积 35 平方公里，林地面积占比 93.6%，人均耕地面积 0.82 亩，地形地貌呈"九山半水半分田"特征，属于典型的山区村。全村下辖 19 个村小组，共有村民 622 户，2370 人，其中建档立卡贫困户 49 户 142 人，贫困发生率为6.1%。地理环境的恶劣，外加基础设施的落后、乡村产业的匮乏、人力资源的短缺，致使葛坪村成为南雄市贫困程度最深的两个相对贫困村之一。

首先，葛坪村的基础设施和公共服务尤为落后。截至 2018 年，全村有 16.6 公里村级主干道，约 1/3 的村小组道路未实现硬底化，道路颠簸，村民出入、货物运输极为不便。部分农田灌溉严重依赖自然雨水，耕田丢荒现象严重。缺少相对稳定的集中供水，部分农户自建蓄水池采饮山泉水，饮水卫生问题突出。由于村内无小学，适龄学生只能在镇上或县城租房就读，且村内无文化活动场地、设施，卫生医疗条件简陋，村委会也只是借用废弃的原村小学场地办公。

其次，葛坪村青年劳动力匮乏，留守村民主动求变的意识不强。薄弱的产业基础，无法给村民提供充足的就业渠道和可靠的发展机会。加上相对落后的基础设施和公共服务，严重影响村民在出行、就学、就医、饮水等方面的生活需求。这些因素在当时致使葛坪村的青壮年劳动力和市场意识较强的村民大量外流。留守村民以老弱病残居多，文化水平相对较低，较为普遍地恪守传统生活生产方式，过度沿袭"靠山吃山"的观念，产业发展的创新意识相对不足。葛坪村丰富的毛竹资源甚至成为部分留守村民思想解放的"枷锁"——"干啥都不如砍伐毛竹来钱快"。

因此，葛坪村的产业基础极为薄弱。2016年以前，葛坪村无主导产业，村民收入主要靠毛竹、杉木出售以及劳务输出。2015年，村民年人均收入仅6800元，村中49户建档立卡贫困户绝大部分没有稳定的收入来源。村集体收入主要来源于水电站承包租金，年收入仅1.3万元，而该水电站始建于1987年，机组已严重老化，效率低，急需升级改造。

在精准扶贫的政策支持下，葛坪村成为广东省药品监督管理局（简称"省药监局"）定点帮扶村。在各级党委、政府和省药监局等多方的帮扶下，葛坪村强化村党组织的战斗堡垒作用，通过积极发展乡村扶贫产业，落实各项帮扶政策，搭建展销平台，开展产业、就业帮扶，完善基础设施和公共服务，在多方协同作用下脱贫攻坚取得成功。目前葛坪村建成一座新的党群服务中心及中地、坦坪2个新农村示范点，村集体收入由2016年的1.3万元提高到2020年的20余万元，贫困人口人均可支配收入由2016年的3752元提高到2020年的20639元，村内更有贫困户张明主动摘帽成为致富带头人。

二、主要做法

发展特色乡村扶贫产业是提高贫困地区自我发展能力的关键。南雄市澜河镇葛坪村在各级党委、政府、省药监局等多方的帮扶指导下，因地制宜发展组合式、立体式乡村特色扶贫产业，加强农业经营主体带动引领作用，完善利益联结机制，全方位拓展产业链条，提高贫困户的主观脱贫意识，增强其内生动力，完善配套设施，从而有效地实现脱贫发展，并向乡村全面振兴积极推进。

葛坪村乡村扶贫产业发展主要采取了以下做法：

（一）注重构建乡村扶贫产业的立体式发展体系

葛坪村原有乡村产业基础薄弱，以消耗毛竹资源谋生存，缺乏合理、科学的乡村产业发展规划，当地资源优势尚未有效转化为产业优势、经济优势，这是当地致贫的重要原因。要解决这一问题，首要就是要树立和践行"绿水青山就是金山银山"的理念，立足当地特色资源，长短期结合，培育并规划乡村扶贫产业，最终实现"一村多品"的乡村产业发展体系。

葛坪村"两委"班子与省药监局驻村扶贫工作队等多方开展实地调研，深入思考"葛坪村有什么、老百姓想干什么、省药监局支持什么"，重点挖掘山区农林优势，注重以科学数据为支撑，挖掘拉伸帮扶工作长板，推动建立"政府主导、村民主力、企业参与、整村推进"的"造血式"乡村扶贫产业发展帮扶工作路子，助力葛坪村形成了以凉粉草、胡须鸡、柑橘、水电站、光伏电站等相结合的乡村扶贫产业发展体系。"山下仙草环抱，山腰土鸡飞跑，山顶柑橘戴帽，电站稳定增效"是对澜河镇葛坪村立体式乡村扶贫产业发展的生动写照。

第一，发展壮大凉粉草产业。葛坪村在 2012 年曾开展过凉粉草（俗称"仙草"）种植，当地村民也曾有药材种植史，结合当地夏季光照时间长、雨量充沛、野生药材种类丰富和生长旺盛等特点，驻村干部提出种植凉粉草的初步意见。为确保项目的科学性和可行性，驻村干部向韶关学院及省局机关的相关专家请教，并邀请广药集团现场考察调研葛坪村中药材种植环境的科学性与可行性，最终选定凉粉草产业化种植作为重点扶贫发展产业。凉粉草产业化种植成为既符合百姓意愿又吻合企业需求的脱贫致富重要举措。借助省药监局优质的渠道资源，大型国有企业（广药集团）为葛坪村提供技术支持并实行定点、保价收购等措施，为当地培育壮大凉粉草基地，并促进凉粉草产业化种植发展为长效产业提供了有效保障。同时，凉粉草产业获批"一村一品、一镇一业"项目支持，2017—2020年，当地共种植凉粉草约2000亩，建设完成育苗大棚8亩，产业涵盖葛坪村及周边村镇，产业项目总投资241万元，其中帮扶单位自筹资金71万元，群众自筹资金70万元，"一村一品、一镇一业"省级财政资金100万元。通过产业帮扶全覆盖，带动葛坪村31户114名有劳动能力的贫困户实现脱贫，单项产业助力脱贫户户均年增收约8000元。葛坪村发展凉粉草产业的成效显著，2018年销售凉粉草40万斤，销售金额160多万元；2019年销售凉粉草27.5万斤，销售金额110多万元；2020年销售凉粉草25万斤，销售金额100多万元。2021年，葛坪中草药种植专业合作社成功与广药集团续签3年，为乡村振兴的下一步加快发展保驾护航。

第二，探索发展胡须鸡养殖的林下经济。在各级党委、政府和帮扶单位省药监局等多方的帮扶下，葛坪村开始探索发展胡须鸡养殖产业，并注重产品质量把控和市场开拓。一方面，严格控制产品品质，获得消费者认可和提高市场竞争力。考虑到消费者对农产品安全越来越重视，澜河镇党委、政府、省药监局和养殖合作社等协商探讨，决定给每只胡须鸡装上有独立编号和二维码的脚环，消费者在购买胡须鸡后，可以通过扫描脚上的二维码，便可知道所购买鸡的产地、饲养天数等信息，让消费者买得安心、吃得放心。这一举措不仅有助于胡须鸡销售，也为该产业进一步持续发展壮大奠定了坚实基础。另一方面，积极拓展销售渠道，提高胡须鸡产品附加值。合作社目前以整鸡冷冻销售为主，主要销往珠三角地区，通过在广州设立南雄市澜河镇茶坪种养专业合作社销售点，依托互联网，通过微信朋友圈等渠道开拓电商销售，把胡须鸡等农产品从大山带到城市餐桌，并注册"葛坪""粤雄"商标，打造品牌效应。澜河镇领导为进一步突破葛坪村胡须鸡单一消费模式的限制，积极拓宽产品市场、增加销售量、提升品牌价值，同时注重延长产业链、提高产品附加值，推动胡须鸡产业化发展和促进贫困户更多地分享产业链、价值链增值收益，并为优化电商销售之路奠定良好基础。比如，镇领导亲自出马，助力合作社在帽子峰景区重要消费地段开设了胡须鸡熟食店，并免除了店铺租金。2019 年，葛坪村 36 户贫困户养殖胡须鸡 6000 余只，增收约 55.3 万元，户均增收 1.5 万余元。2020 年，胡须鸡销量 1.95 万只，总收入 195 万元。

第三，挖掘培育柑橘产业和盘活水电站原有资产。挖掘培育柑橘产业方面，"一村多品""长短结合"是贫困户长期稳定脱贫和发展的"保险"。葛坪村在推动凉粉草种植、胡须鸡养殖等"短平快"乡村扶贫产业的同时，也在探索收益稳定持续的柑橘种植项目。针对柑橘种植周期长、见效慢的特点，葛坪村在合作社框架下，按照"统一技术、统一管理、统一销售"的思路，组织相对贫困户开展柑橘种植，打造 500 亩柑橘示范种植基地。葛坪村于 2016 年开始种植柑橘，2020 年开始连续产果，可有效巩固提升脱贫攻坚成果。

盘活水电站方面，葛坪村于 1987 年通过向当地信用社贷款兴建了每年能为村集体带来可观收入的水电站，1991 年被自然灾害破坏。葛坪村因无力继续按时还款和维修而将水电站经营权抵押给信用社，进而以 1.3 万元每年的租金承包给个人。驻村工作队调研了解后，认为水电站是保障葛坪村发展的重要收入来源，并且机组已严重老化、运转低效，急需升级改造。因此，省药监局自筹 90 余万元协助村集体收回水电站经营管理权，并升级改造 300 千瓦机组及附属设施，目前该项目每年为村集体稳定增收 20 余万元。此外，葛坪村还筹集 200 多万元扶贫资金参与南雄市统筹的葡萄、光伏等产业项目，每年获得稳定收益。

（二）注重建立支撑乡村扶贫产业的新型经营模式

村集体经济规模小，村民抗风险能力较弱，缺乏技术、市场和资金等生产要素有力支持，无法形成稳定的乡村产业发展路径，导致葛坪村产业基础薄弱。针对这些问题，葛坪村在各级党委、政府和帮扶单位等多方的全方位支持下，强化乡村扶贫产业的发展，充分发挥新型农业经营主体的带动作用，走"龙头企业＋合作社＋农户"的新型农村合作社道路，加强技术培训指导，畅通产销衔接，统筹各类扶贫资金助农发展，做大做强乡村扶贫产业。

第一，建立健全"龙头企业＋合作社＋农户"产业发展模式。葛坪村着眼产业长远发展，借助省药监局优质的渠道资源，采取"龙头企业＋合作社＋农户"实现多方合作共赢的产业发展模式。龙头企业提供技术支持与定点、保价收购支持，带领包括贫困户在内的农户大力发展规模化、产业化的乡村扶贫产业。同时，明确合作社从育苗、技术指导到收购等一系列生产过程中的权利和义务，并以合作社与企业、合作社与社员签订协议的形式固化下来，注重以制度规范行为，以合作社正常运转来确保产业长期稳定发展。葛坪村先后成立了以凉粉草产业为主的南雄市葛坪中草药种植专业合作社、以胡须鸡产业为主的南雄市澜河镇茶坪种养专业合作社等，以及在合作社框架下推动的柑橘种植，引领贫困户因地制宜发展适度规模的特色乡村扶贫产业，走出了一条产业发展、企业获利、农民增收的合作共赢之路。

第二，创新技术支持、消费扶贫和资金统筹模式。创新产业技术支持方面，凉粉草种植具有季节性强、技术要求高等特点，葛坪村成立以广药集团技术人员为带头人，福建武平供苗方技术人员、镇农技人员、合作社理事为骨干的项目技术服务组，负责种植技术培训、技术咨询及种植全过程的质量管控。相关部门先后4次集中全体社员开展凉粉草种植专题培训，建立"凉粉草"微信群，开展100余次电话或信息解答与问题咨询，印发种植技术标准，引导社员开展薄膜防草、防肥流失等新技术种植。此外，积极组织村民参加多种形式的种植、养殖及电商等技术培训。

创新消费扶贫方面，一是发展订单生产。葛坪村与广药集团广州采芝林药业有限公司签订凉粉草保价收购协议，建立长期稳定的产销对接关系。二是对口帮扶消费扶贫。驻村工作队发动省局机关及直属单位工会大力支持消费扶贫，采购葛坪村的优质农产品。三是设立"党建扶贫"农产品线下体验店，搭建"最美葛坪"淘宝网店，通过线上线下相结合的方式拓宽销售渠道。葛坪村在消费扶贫中积极搭建展销平台，通过"以购代捐"等多种形式，为贫困村和贫困户销售农产品超600万元。

创新扶贫资金的统筹整合方面，为确保镇村扶贫资产能稳定产生效益，南雄市创新性地通过南雄市雄康扶贫开发投资有限公司（简称"扶投公司"）统筹整合、管理各类扶贫资金，开展长期滚动投资，精准投入，不断夯实扶贫"家底"。2021年12月调研收集的资料显示，扶投公司管理全市产业扶贫项目135个，实现贫困户年人均产业带动增收3500多元，推动全市有效完成脱贫攻坚任务，探索创造出苏区老区脱贫攻坚好经验。葛坪村在该模式的帮扶下，统筹各类扶贫资金200多万元，其中投资近95万元到南雄市统筹的葡萄项目、投资110万元到浈江光伏项目，每年享受稳定的项目投资收益。

（三）注重激活乡村扶贫产业发展主体的内生动力

激活乡村扶贫产业发展内生动力是实现稳定脱贫和乡村振兴的重要基础。之前，葛坪村部分村"两委"干部在一定程度上存在发展思路不清、脱贫措施不实、落实效果不好、攻坚克难能力较弱等问题，无法有力地带领贫困群众脱贫致富。部分贫困群众也还存在不同程度的"等、靠、要"思想，对致富信心不足，严重制约着乡村扶贫产业发展。在各级党委、政府和帮扶单位等多方的帮扶下，葛坪村坚持党建引领，不断加强村党组织建设，充分发挥党员模范带头作用，着力帮助贫困群众"立志"，引导广大贫困群众通过自己的辛勤劳动实现脱贫致富，带动贫困群众与全国人民一同步入全面小康社会。

第一，全面强化村党组织战斗堡垒作用。一是注重抓好党组织建设。驻村工作队做到一手抓党建，一手抓扶贫，做好政策文件及会议精神的传达工作，督促并指导葛坪村完成各项精准扶贫工作，结合全党上下开展的"两学一做"及南雄市统一开展的"三守三爱"主题实践活动，充分发挥党建在脱贫攻坚中的引领作用，确保村"两委"干部思想上重视、行动上一致。葛坪村党总支将下辖的六个支部合并为三个党支部，抓好抓实发展党员工作，组织全村 58 名党员从落实"三会一课"等组织生活制度入手，积极强化村党员身份意识、宗旨意识、服务意识，引导大家形成懂法守法、诚实守信、党群一心、共谋发展的浓厚氛围。葛坪村党组织基于精准扶贫、精准脱贫政策，通过引导发展乡村扶贫产业，促使村党员干部改变发展观念、理清发展思路、明确红线底线、调整服务方式，切实提升村党支部战斗堡垒作用。二是注重提升村"两委"发展产业等工作能力。2017 年村党支部班子换届后，葛坪村加大村"两委"班子能力建设。驻村工作队注重团结和依靠村"两委"班子，加大村干部的业务培训，通过讲解各级党委政府的扶贫政策、经济金融知识、经营管理理念等，切实提高村干部的个人素质和能力。注重在落实产业扶贫工作、协调处理扶贫重点难点等问题上，锻炼队伍、提升能力。换届后的新班子团结干事氛围更加浓厚，村党支部战斗堡垒作用发挥明显，村党务、政务工作得到了进一步加强。三是注重规范村民自主管理。结合南雄市委、市政府开展的"三个下沉、二个整合、一个培育"农村综合改革试点，围绕提升村级"公共服务、村民自治、组织保障"效能，建立和完善村务、财务工作制度及村规民约，开展村理事会建设试点，提升村民自主管理村务能力，特别是扶贫资金的有效管理和利用能力，促进乡村扶贫产业发展。四是注重发挥党员的先锋模范作用。葛坪村鼓励村干部及村党员勇当落实精准扶贫措施带头人，组织61名党员开展"葛坪建设我先行、立足岗位作贡献"活动，鼓励村干部及村党员勇当全面建设带头人，确保帮扶项目长效管控不"偏航"。葛坪村党总支组织委员巫景阳创建的中草药种植专业合作社，带动39户贫困户发展凉粉草产业。

第二，充分发挥帮扶单位的主观能动性。省药监局党组领导高度重视葛坪村定点帮扶工作，坚持把精准扶贫、精准脱贫工作作为一项重要的政治任务、重大民生工程来抓。省药监局通过党委议事对新时期精准扶贫建设规划、年度计划与预算、重大建设项目等内容进行了提早谋划、专题研究。省药监局主管及分管扶贫工作领导带领结对帮扶干部，会同村党支部书记带领村"两委"干部多次深入葛坪村开展调研、慰问等，及时了解帮扶工作开展的情况，落实打赢脱贫攻坚战的各项任务，确保扶贫资金及时到位，为扶贫工作顺利进行提供了有力保障。驻村第一书记、驻村工作队队员紧紧依靠当地党委、政府，积极谋划葛坪村脱贫攻坚与乡村振兴工作，探索创新"四访四看"工作方法，即访"家庭人员结构"看"真假贫困"，访"生产生活条件"看"贫困程度"，访"致贫主要原因"看"脱贫重心"，访"现有资源能力"看"脱贫措施"，基于此开展精准扶贫工作。驻村第一书记、驻村工作队队员会同村党支部书记带领村"两委"干部遍访贫困户，宣讲扶贫政策、听取意见建议、了解所想所需，积极推进乡村扶贫产业发展等脱贫攻坚工作任务，发挥"领头雁"作用。

第三，增强贫困群众脱贫发展的主体责任意识。坚持"扶贫先扶智、治贫先治愚"工作理念，注重培育和增强贫困群众内生动力，引导其不在脱贫攻坚中当"看客"，不只靠政府或帮扶单位演"单簧"。调动干部群众自主参与脱贫攻坚，提升困难群众特别是因技术原因不愿、不敢参与产业脱贫的贫困户的信心和决心。一是主动靠前沟通，加强联系与互信。采取登门拜访、座谈交心、工作请教等面对面沟通形式，积极融入贫困户生活生产环境，南雄市、澜河镇、葛坪村、帮扶单位和贫困群众之间建立良好的沟通与互信。二是务实发动宣传，促进政策理解到位。驻村工作队印发张贴《优质凉粉草委托种植收购协议》《南雄市扶贫项目以奖代补暂行办法》等，在户外搭建"心系革命老区，产业助推脱贫"的优质凉粉草产业化种植宣传牌，先后8次召开党员大会、村民代表大会、村小组组长会议、扶贫对象分片座谈会、任务通报会等，统一思想，宣讲政策和介绍产业帮扶等规划与措施，使贫困群众正确理解和把握精准扶贫政策，激发和释放自主参与精准脱贫的潜能和活力。三是举办标志性活动，营造扶贫产业发展氛围。2017年2月，发展凉粉草产业前，为最大限度调动群众参与产业发展热情，组织召开了"葛坪村优质凉粉草种植产业帮扶项目启动仪式"。省药监局、南雄市政府、广药集团等主要领导出席仪式并讲话，在仪式上，企业、合作社、社员分别签订《委托种植收购协议》，并宣誓签订《倡议书》。葛坪村全体村民，特别是脱贫户在充分了解精准扶贫、精准脱贫政策后，"等、靠、要"的思想逐步退化，"我要富"的主观脱贫意识得到明显增强，立志靠双手勤劳致富，改变家庭落后面貌。

第四，创新乡村致富能手的帮带模式。充分发挥先进脱贫户的帮带作用。原本于广州务工和生活相对富足的葛坪村村民张明，在其妻子 2015 年身患慢性病后返回南雄，医疗开支增加和收入水平降低使得整个家庭因病致贫，2016 年成为建档立卡贫困户。在精准扶贫政策帮扶下，张明结合自身优势及家庭原有农林资源，种植凉粉草 15 亩、柑橘 20 亩、油茶 200 亩，养殖胡须鸡 150 只，2017 年家庭人均可支配收入超过 2 万元，2018 年接近 3 万元，2019 年主动申请摘掉贫困户帽子。与此同时，在党的精准扶贫政策引领下，张明对精准脱贫、共同富裕有了深刻理解和认识，彻底改变"单打独斗"致富经，认为"一家致富不算富，全村致富才幸福"，"想为父老乡亲干点实事，让大家的日子都好起来"。于是，张明由一名贫困户蝶变为乡村产业发展致富带头人，带领其他贫困户通过发展乡村扶贫产业脱贫致富奔小康。2017 年下半年，张明在驻村第一书记的建议协助下，组织成立了"南雄市澜河镇茶坪种养专业合作社"，并担任合作社社长，成为项目致富带头人，并积极申请加入中国共产党。该合作社发动和带动建档立卡贫困户 9 户开展 200 亩柑橘种植、35 户开展林下胡须鸡养殖，通过"抱团取暖"，发展形成长期脱贫致富的规模化产业。2021 年 6 月 23 日，中共广东省委书记李希在全省脱贫攻坚总结表彰大会上，表扬了从贫困户转变为致富带头人的张明。

（四）注重优化乡村扶贫产业的配套措施

葛坪村基础设施、公共服务相对落后，也是制约乡村产业发展的重要因素。完善乡村基础设施和公共服务，营造良好的产业外部发展环境，是促进乡村扶贫产业成功、可持续和高质量发展的重要保障。

第一，完善农村生产生活基础设施。"要想富，先修路"，这句朗朗上口的口号，彰显了基础设施对农村经济发展的重要性。面对严重影响居民生活、制约生产发展的葛坪村落后的基础设施，各级党委、政府、省药监局等坚持问题导向，契合葛坪村在发展产业上的需求，从党群服务中心、道路、饮水、文体、卫生等10个领域的基础设施项目建设入手破局。省药监局自筹约700万元开展村党群服务中心、道路、饮水、文体、卫生等20余个项目建设。葛坪村党群服务中心、26公里乡村道路硬底化建设或扩宽、村庄路灯亮化、"中心村"与副中心建设、村主干道监控、学校自来水及配套教学设施、三面光水渠及中小河流治理等基础设施建设项目落地，促进村容村貌发生翻天覆地的变化，居民生活水平显著提升，乡村扶贫产业发展的配套设施极大改善。需要开展危房改造的16户建档立卡贫困户，其住房安全保障落实到位，相关工程全部通过竣工验收，贫困户喜迁新家。此外，针对胡须鸡养殖产业发展对冷链物流的新需求，驻村工作队申请资金为合作社购置了一台大冰柜。研究仓储保鲜冷链物流设施建设，为葛坪村优质农产品"出山"解决基础设施障碍。

第二，补齐农村公共服务短板。葛坪村的义务教育保障落实到位，义务教育适龄儿童入学率及符合条件发放生活费补助的落实率均为100%，确保村中适龄儿童不因贫失学辍学。最低生活保障政策落实到位，无劳动能力户均已全部纳入民政或本级财政兜底。医疗和养老等政策落实到位，建档立卡贫困户已全部参加基本医疗保险，16～59 岁非在校贫困户均已参加城乡基本养老保险，60 岁以上贫困户均已享受养老保险。在基本医疗保险、大病医疗保险和医疗救助政策落实的基础上，为进一步完善贫困户医疗保障，减轻贫困户医疗支出负担，市财政资金统一购买商业补充医疗保险，增加医疗个人自付费用的报销项目，以解决建档立卡贫困户因贫看不起病、因病加剧贫困的问题。同时，省药监局还通过自筹资金积极开展助学补贴、大病救助、节日慰问等，高质量落实各项帮扶政策。从短期来看，这些基本公共服务供给的完善，有效减少了葛坪村贫困户用于医疗、教育等方面的支出，降低该部分费用对贫困户发展乡村扶贫产业的挤压效应，提高贫困户的产业投资意愿和能力。从长期来看，公共服务的完善有效提高了葛坪村贫困户的基本素质和劳动能力，更加坚定了贫困户立足当地资源持续发展的信心，为发展乡村扶贫产业、壮大新型农村集体经济和实现乡村产业兴旺创造了有利条件。

第三，健全精准扶贫政策体系。围绕全面打赢脱贫攻坚战，扎实推进产业精准扶贫工作，充分发挥扶贫产业政策的支撑和保障作用。在习近平总书记关于扶贫工作重要论述的指引下，根据广东省《新时期精准扶贫精准脱贫三年攻坚的实施意见》《关于打赢脱贫攻坚战三年行动方案（2018—2020 年）》以及《扎实推进产业精准扶贫工作指导意见》等政策，南雄市出台了《南雄市新时期精准扶贫精准脱贫三年攻坚实施方案》《南雄市统筹扶贫产业项目收益分配方案》《南雄市扶贫项目"以奖代补"暂行办法》等一系列支持乡村扶贫产业发展的政策体系。葛坪村驻村扶贫工作队、村"两委"干部与贫困群众正确理解精准扶贫政策，一方面，大力发展立体式乡村扶贫产业，并积极投资南雄市统筹的光伏发电、葡萄等产业项目；另一方面，借助各级党委、政府、对口帮扶单位以及金融机构等多方的积极支持，推广"合作社＋基地＋贫困户"新型农业经营模式，完善订单帮扶、农村电商等产销对接机制，建立健全乡村扶贫产业的利益联结机制，合理利用财政、金融等扶贫资金，扎实推进乡村扶贫产业稳固发展、贫困户稳步脱贫增收。

三、经验启示

葛坪村在各级党委、政府和对口帮扶单位等多方的支持下，大力发展乡村扶贫产业，并形成了在乡村振兴全面推进阶段可参考借鉴的经验启示。

（一）产业发展是实现和提升脱贫攻坚成果的内源动力

习近平总书记指出，面对复杂形势和繁重任务，首先要有全局观，对各种矛盾做到心中有数，同时又要优先解决主要矛盾和矛盾的主要方面，以此带动其他矛盾的解决。发展乡村扶贫产业是过去打赢脱贫攻坚战和现在巩固提升脱贫攻坚成果、有效防范返贫的关键，属于"造血式"扶贫的重要组成部分，能有效促进贫困户获得可持续的收入增长。在精准扶贫、精准脱贫的基本要求与主要途径中，"发展生产脱贫一批"是"五个一批"脱贫措施的第一个一批，旨在引导和支持有劳动能力的贫困户基于当地资源通过自身努力实现脱贫发展。

南雄市将发展乡村扶贫产业作为促进贫困户脱贫发展的长效机制，既重视通过发展现代农业产业园、1000亩以上连片产业项目等规模化产业，也重视111个扶贫产业项目在葛坪村等68个省定贫困村的全覆盖和充分发挥乡村致富带头人的带动作用，从而促进南雄特色优势乡村扶贫产业优化质量供给、提高产品竞争力、开拓市场空间和打响品牌，带动贫困户发展产业、实现就业、增收脱贫、共同富裕。葛坪村瞄准能够支持贫困户长效脱贫发展的乡村扶贫产业，既投资能够获取稳定收入的由南雄市统筹的葡萄项目和浈江光伏项目、葛坪村三水电站项目，也基于山区村山林资源丰富的条件大力发展柑橘、胡须鸡和凉粉草等特色种植业和养殖业。在上述产业的发展带动下，葛坪村贫困人口人均可支配收入从 2016 年到 2020 年增长了 4.5 倍，达到 20639 元，全村所有贫困人口如期实现脱贫。

（二）科学布局乡村扶贫产业项目必须尊重客观规律

发展乡村扶贫产业同样需要坚持把"干事热情"和"科学精神"结合起来，使各项举措符合客观规律。习近平总书记指出，发展必须是遵循经济规律的科学发展，必须是遵循自然规律的可持续发展，必须是遵循社会规律的包容性发展。葛坪村发展乡村扶贫产业坚持实事求是、一切从实际出发，既基于当前现状在区域差异维度上充分利用所在山区的山林、雨水、光照等自然资源优势，又基于历史条件在时间维度上充分盘活水电站等过去原有资产，充分挖掘村庄过去的中药、柑橘、禽畜种植和养殖历史与经验，形成以凉粉草和柑橘种植、胡须鸡养殖、水电站、光伏电站等为主的组合式产业体系。且葛坪村遵循山地垂直地域分布规律，充分考虑山麓到山顶的阳光、雨水、温度和湿度等自然条件差异与交通便捷度、劳动便利性等经济条件差异，对乡村扶贫产业项目进行科学布局，形成"山下、山腰、山顶种养结合"的立体式乡村扶贫产业分布结构。

同时，葛坪村的乡村扶贫产业也是遵循经济规律和社会规律的科学发展。农业生产具有周期性、季节性和信息不对称的特点，造成农户掌握的当期市场信息相对不足，当期生产规模严重受到上期价格与利润的影响。加之农产品需求价格弹性相对较小，需求规模在一定时期内的增减幅度有限，且具有单价低、运输和储存的成本高、难度大等特点，使得农产品在市场上容易出现供需失衡、价格急剧波动、时而严重滞销等情况。销售难是实现乡村扶贫产业成功发展、促进贫困户持续创收必须要破解的难题。在习近平总书记关于扶贫工作重要论述的指引下，各级党委、政府和省药监局等坚持市场导向，引导贫困户发展的乡村扶贫产业充分考虑了市场销售问题，进而基于销售渠道及体量准确把握乡村扶贫产业发展的方向和规模。比如，对凉粉草产业实行"龙头企业＋合作社＋农户"的产业发展和经营模式，通过订单收购、保价稳产的方式，形成长期稳定的销售渠道和规模。葛坪村2018—2020年的凉粉草销售量、销售额分别稳定在25万斤和100万元以上，且乡村全面振兴开局之年的2021年与广药集团又签订了3年的产销协议，为巩固提升脱贫攻坚成果、加快推进乡村振兴战略提供有力保障。

（三）促进乡村扶贫产业平稳健康持续发展必须坚持系统思维

面向市场的乡村扶贫产业是一项复杂的系统工程，也是改革攻坚的一个重要领域，实现平稳健康持续发展离不开土地、资金、技术、劳动力和政策等多种要素协同支持，必须坚持系统思维。习近平总书记指出，注重系统性、整体性、协同性是全面深化改革的内在要求，也是推进改革的重要方法。改革越深入，越要注意协同，既抓改革方案协同，也抓改革落实协同，更抓改革效果协同，促进各项改革举措在政策取向上相互配合、在实施过程中相互促进、在改革成效上相得益彰，朝着全面深化改革总目标聚焦发力。葛坪村乡村扶贫产业取得可持续发展的积极成效，是扶贫工作改革攻坚中坚持系统性、整体性、协同性推进的结果。

葛坪村乡村扶贫产业的推进方案注重形成"1＋1＞2"的协同效应。其所在的南雄市成立新时期精准扶贫工作领导小组，制订了南雄市精准扶贫精准脱贫实施方案，各行业扶贫部门制订了脱贫攻坚重要政策配套实施方案，对口帮扶单位省药监局制订了精准帮扶葛坪村三年攻坚规划等，协同为葛坪村乡村扶贫产业发展等脱贫攻坚工作提供全方位的政策保障。葛坪村乡村扶贫产业注重构建科学合理的产业体系，建立健全产业发展支持机制、重视补链强链的整体协调：一是通过"四访四看"工作机制充分了解贫困户的基本状况、致贫原因、贫困程度等情况后，结合贫困户的需求、当地资源、贫困户劳动能力、对口帮扶单位的优势条件，既注重一次投资一次收益、短期见效的凉粉草和胡须鸡项目，也注重一次投资持续收益、长期见效的柑橘、水电站和光伏等项目，促进协同解决葛坪村贫困户的短期生存和长期发展问题。二是重视通过加强村党组织建设和强化贫困群众主体责任激发内生动力，通过"龙头企业＋合作社＋农户"的模式解决销售难问题，通过成立多方积极参与的项目技术服务组解决技术咨询和质量管控等问题。三是重视通过小额信贷等扶贫金融产品解决资金难问题，通过完善基础设施和改善公共服务为乡村扶贫产业的发展提供有利条件与保障。

【思考题】

1. 相对落后山区如何科学有效地选取乡村产业项目？

2. 发展乡村产业如何调动农户的内生动力？

3. 如何构建促进乡村扶贫产业健康可持续发展的长效机制？

从"污染典型"到"治污典范"*

——汕头市全力推动练江流域综合整治

【摘要】练江是汕头人民的"母亲河",曾因河水清澈蜿蜒如一道白练而得名。从20世纪90年代开始,水质逐年恶化,水体发黑发臭,干流和绝大多数支流水质为劣V类,练江从一道"白练"变成了一条"黑龙"。2018年6月中央环保督察"回头看",练江污染问题被集中披露,生态环境部将练江作为反面典型通报,不仅给了当地干部"当头棒喝",也使得汕头成为全国舆论的风口浪尖。

练江污染,绝非一日之寒。治理练江,刻不容缓、退无可退。汕头市认真贯彻习近平生态文明思想,知耻而后勇、化压力为动力,全面落实中央环保督察"回头看"整改要求,深化截污控源,深入支流整治,大力加快环保基础设施建设,持续推进五大专项整治行动,建立健全水污染治理长效机制,全力推动练江流域综合整治。现今,全流域干支流水质已明显好转,练江终于从

---

　　* 本案例由中共汕头市委党校副校长王德利副教授、中共广东省委党校(广东行政学院)决策咨询部主任张海梅教授、中共广东省委党校(广东行政学院)决策咨询部副主任赵超副教授、中共汕头市委党校经济学教研室主任郑良泽副教授、中共广东省委党校(广东行政学院)决策咨询部易云锋副教授、中共汕头市委党校经济学教研室林世伟讲师撰写。

一条"黑龙"蜕变为美丽的"白练"，汕头也从"污染典型"转变为"治污典范"。

汕头市练江治理的创新实践启示我们，实现环境治理和产业发展的"双赢"，要坚持以"绿水青山就是金山银山"破解经济发展和生态环境保护的"两难"悖论；坚持以人民为中心的思想解决环境治理的社会主要矛盾；坚持以全面加强党的领导为统领深化治理体制机制创新；坚持以最严格的生态环境保护制度筑牢环境保护的底线；坚持以系统的思维全面统筹全流域污染治理的顶层设计。

【关键词】 生态文明建设　练江流域综合整治

党的十八大以来，习近平总书记对生态文明建设作出了一系列重要论述，比如著名的"绿水青山就是金山银山"。2018年5月19日，习近平总书记在全国生态环境保护大会上强调："坚决打好污染防治攻坚战，推动生态文明建设迈上新台阶。"广东省委、省政府把思想和行动统一到习近平总书记的要求上来，树立和践行"绿水青山就是金山银山"的发展理念，并出台了《广东省打好污染防治攻坚战三年行动计划（2018—2020年)》，集中力量解决突出生态环境问题。汕头市深入学习贯彻习近平生态文明思想，坚持落实好中央环保督察及"回头看"整改要求，按照广东省委、省政府工作部署，化被动为主动、化压力为动力，突出抓整治、建设施、立机制、促转型，全力推动系统治污、科学治污和精准治污，真正实现从"污染典型"转变为"治污典范"。

一、背景情况

（一）练江污染情况

练江是粤东潮汕地区的三大河流之一，发源于广东省普宁市大南山五峰尖西南麓杨梅坪的白水礤，流经揭阳普宁市和汕头潮阳区、潮南区3个县级行政区，在汕头市潮阳区海门湾汇入南海，干流全长71公里，流域面积1346.6平方公里，流域常住人口约460万人，因河道弯曲、蜿蜒如练而得名。历史上，练江曾经碧波荡漾，绿水流淌，是人民重要的饮用水源，也是粤东重要的水运通道之一，滋养着一代又一代的粤东人民。时光流转，由于几十年的工业、生活污水和垃圾持续污染，曾经滋养粤东人民的母亲河满目疮痍、遍体鳞伤，练江成为"黑水"的新闻也屡屡见诸报端。

练江天然水源不足，缺乏自我净化能力，生态环境相当脆弱。但有关环保部门和当地干部坦承，长达20多年的练江污染并非"天灾"，而是与当地的产业结构密不可分。20世纪90年代以来，凭借经济特区的政策优势和贸易港口的地理优势，练江流域兴办了一大批"三来一补"企业。大大小小规模近千家纺织印染企业沿着练江分散布局，尤其是针织内衣产业形成了一条完整的产业链。大街小巷四处可见从事打枣、拷克等不同细分工种的私人小作坊，更不用提数量巨大的印染厂。

有环保组织指出，纺织品的生产过程中，多道工序都会使用大量有毒有害化学物质。除了重金属物质，还有持久性有机污染物，如壬基酚、辛基酚和全氟辛烷磺酸盐等，往往最终被释放到河流或其他水体中。这些物质通常无法通过普通的污水处理程序完全消除，会长期存留在水中或污泥里。由于无序布局，基础设施建设滞后，大量纺织印染企业长期非法排污，肆无忌惮。在近年来练江整治过程中，仅非法排污口就查处上万个。

生活污水和生活垃圾未能得到妥善处置，也让练江污染雪上加霜。练江流域生活污水处理能力不足、配套管网不完善，污水处理率低导致练江氨氮浓度居高不下。练江发源地普宁市白坑湖水库水质洁净，不时可见飞鸟在水面上觅食。然而，沿练江干流往下游走几公里，就可发现水体到处长满水浮莲。疯长的水浮莲铺江盖河、绵延不绝，远望如同大草原。少数没被水浮莲覆盖的河面，水流缓慢，水体发黄。虽然有打捞船不停地清理练江上的水浮莲，但打捞的速度远远跟不上水浮莲生长的速度。

另外，练江流域司马浦、陈店、和平等镇的河道上生活垃圾随处可见，苍蝇缭绕！当时汕头市环保局相关负责人介绍："练江流域还有农业方面的污染，尤其畜禽养殖业污染严重。练江流域养猪最高峰期散养加集中养殖达到 100 万头一年，且大量高浓度废水未经处理直排，导致污染更严重。"

练江入海口处水面呈灰黑色，与一闸之隔的海水形成了鲜明对比。广东省海洋与渔业局 2011 年 4 月发布的《2010 年广东省海洋环境质量公报》显示，海门湾练江出海口附近海域为中度污染，2010 年练江径流携带入海的化学需氧量、油类、氨氮、磷酸盐、重金属和砷等主要污染物的总量约为 9.4 万吨。练江海门湾入海口一直被一股刺鼻的恶臭笼罩着，风从远处吹来，夹杂着海水的盐味、鱼腥味和工厂污水味，简直能使人呛出眼泪。由于水质污染严重，鱼类锐减。一位在练江入海口住了 40 多年的渔民说："以前这里有很多鱼，鱼苗更多，现在什么也没了。"练江出海口的渔船也大多停在港内。渔民们面临无鱼可打的局面。

练江水到底是什么样的水？以主要污染物氨氮为例，氨氮的

Ⅴ类标准为2毫克/升，超过这个数值的水即为劣Ⅴ类。广东省环保部门监测显示，自1998年起，练江水质就一直是劣Ⅴ类；数据曾一度远超劣Ⅴ类标准。练江基本丧失了作为河流应有的饮用、灌溉等功能，河里根本没有活物，成为毫无活力的"死水"，被广东省生态环境厅定为"全省污染最严重的河流"。

（二）2016年中央环保督查

2016年11月，中央第四环保督察组（简称"第四组"）对广东开展了为期一个月的督察，重点之一就是练江的污染治理问题。广东省对第四组反馈的问题进行梳理，最后确定围绕练江的污染治理项目，汕头市需要整改的有13个（原为14个，因其中一个项目合并，实际需要整改的项目是13个）。这13个项目包括建设潮阳及潮南两个纺织印染中心、两个垃圾焚烧发电厂以及9个污水处理厂。广东省也相应制定了整改方案，规划了这13个项目的整改完成时间表。

在中央环保督察组向广东省委、省政府反馈督察意见当天，即2017年4月13日，时任广东省省长马兴瑞就向当时的省环保厅负责人提出要求："你们要学习借鉴中央（环保）督察的模式，定期找各市市委、市政府主要负责人谈一谈，这对重点问题的整改会起到督促作用。""你们要敢于唱'黑脸'，我才能唱更黑的'黑脸'。"因此，2017年9月，广东省级督察启动，首轮督察就选择了汕头、揭阳。

但第一轮督察以来，练江整改工作流于形式，纳入整改方案的任务仅个别真正落地，污染问题依旧非常严重。督察发现，练江水质仍呈下降趋势。2017年练江入海断面，即海门湾桥闸断面氨氮浓度为6.86毫克/升，同比上升33.5%，未完成广东省下达的"主要污染物指标化学需氧量、氨氮浓度同比下降10%"的目标。2018 年 1—5 月，海门湾桥断面水质综合污染指数较 2017 年同期又上升 8.8%，形势十分严峻。

（三）2018 年中央环保督察"回头看"

2018 年 6 月 15 日，中央环保第五督察组（简称"第五组"）副组长、生态环境部副部长翟青带队赴汕头、揭阳两市就练江流域污染整治情况开展下沉督察。第五组现场检查各种点位 16 个，走访问询 30 余人。结果令第五组很震惊：无论是事前踩好点的，还是临时动议，看到的几条河流，均是又黑又臭，垃圾随意丢弃、填埋，甚至在稻田旁堆放着电子垃圾。

在练江揭阳普宁段，第五组负责人望着眼前"黑臭油"的水体，让工作人员打上一桶水递到揭阳市委、市政府领导面前让其闻闻水体有多臭。"练江一定是我们的督察重点，"翟青当时就发话，"练江的问题不解决，中央环保督察组会盯下去的。"

"请告诉汕头市相关同志，让他们就练江污染整治情况准备一份详细的清单，越详细越好。"尽管出发前，第五组负责同志一再叮嘱。然而，到汕头听到的却是，从区一级党政领导到各局局长，对于练江污染治理情况都是"一问三不知"。

按照汕头市政府的说法，位于潮南区的陇田污水处理厂已经完成了污水管网配套建设。"主干管建了多少公里？支管多少公里？毛细管多少公里？""这些管网是什么时候建成的？""现在污水处理厂的污染负荷多少？"就这些问题，翟青要求汕头市给出具体数据。实际上。陇田污水处理厂并未按时完成建设。汕头市政府告诉第五组，9 个污水处理厂他们已配套建设了 300 公里的污水管网。但是，经过翟青一个水厂一个水厂，污水管网一公里一公里的核算，发现 300 公里的污水管网数目根本对不上。更令人不能理解的是，就污水管网实际建设情况，无论是 9 个污水处理厂所在地的潮阳、潮南区党委、政府主要负责人还是汕头市财政、水务、城管等主管部门的局长们，都没有一个能说得清楚。同样说不清的还有两个纺织印染中心、两个垃圾焚烧发电厂的建设运行情况。汕头市练江污染治理就是一本糊涂账。

第五组还发现，2016 年第一轮督察给汕头留下的 13 个整改项目，竟然一个都没有按时完成，每天约 62 万吨生活污水直排环境。一年半时间过去了，练江的污染依然如旧。第五组指出："汕头、揭阳两市长期以来存在'等、靠、要'思想，练江治理计划年年落空。"

"汕头市练江污染的严重程度、市县乡各级层面对生态环境保护的漠视程度、对中央和广东省委、省政府提出的练江治理要求的消极态度、练江污染治理的缓慢程度令人震惊。"第五组一位曾参加第四组督察的督察人员一口气说出的多个"震惊"强烈表达了第五组对汕头练江污染治理的失望与不满。

"我看这样好不好，汕头市可以在老百姓居住的臭水边盖几间或者租几间房子，让市领导们带头住到那里，和沿河老百姓住在一起，直到水不黑不臭。请你们考虑一下。"翟青当场提出了这个建议。此外，第五组还提出要求：一是组织人大代表、政协委员巡查调研，二是在当地媒体设立"曝光台"，接受社会监督。

2018 年 6 月 21 日生态环境部就练江整治情况发表了题为《治污光说不练，问题依然如故 汕头市对督查整改的漠视程度令人震惊》的文章。这引起全国广泛的关注。文中指出，汕头和揭阳两市对练江污染治理的重要性、严肃性认识不足，站位不高，作风不实。尤其是汕头市各级党委、政府对练江污染问题熟视无睹，对治污工作能拖则拖。

（四）练江难以治理之因

"只有规划没有变化。""方案治水、纸上谈兵。"一位长期关注练江污染问题的省人大代表如此形容练江整治成效。2015 年，广东省制定练江污染整治实施方案，但此后中央环保督察进驻并经两年整改，都没能让地方真正重视练江污染问题，整治计划基本落空。练江缘何如此难整治？

第一，财政资金紧缺，干部畏难情绪突出。20 世纪 90 年代至今，省、市两级政府都提出整治练江的计划、方案、规划等。2001 年，广东省政府特别制定《练江流域水质保护规划》，提出至 2010 年前将劣 V 类水质提高至 III 类标准。2004 年，提出六年时间内投资 19.43 亿元，拟建 14 座污水处理厂、14 座生活垃圾集中填埋场。按照广东省有关部门的估计，治理好练江要花 2000 亿元。在环境历史欠账面前，这本经济账该怎么算？时任汕头市市长郑剑戈介绍治理练江仅依靠两潮财力，是天方夜谭。往年我们也是处于一种没钱投、不敢投的状况，两潮财政加起来才 40 多亿元，涉及 300 多万人口，当时大家持怀疑态度。另一位汕头市政府负责人坦言，练江有治理方案，治理资金也不是完全没有，但却不敢投。"那么多钱扔进去了，如果治不好怎么办？"

第二，人多地少人口密集，污染排放超出负荷。练江水质大概自 20 世纪 90 年代中期开始恶化，有一个逐步加重的过程：1997 年监测显示水质为 V 类，1998 年是劣 V 类，之后就一直是劣 V 类。汕头市环保局有关负责人说："练江污染跟人口密集、人多地少有很大的关系。"从 20 世纪 90 年代中期起，随着人口增长及经济发展需要，练江流域沿岸的工农业企业数量逐渐增加，但工农产业的层次低、分布散，大量夹杂在居民区中的重污染企业长期偷排污水。另由于经济发展期内，流域沿岸缺乏污水处理设施及固废处理设施，生产污水、生活污水和垃圾直排环境，导致流域水质恶化加剧。

第三，上游生态补水不足，干流自净能力丧失。大自然有很强的自我净化能力，如果不是排放的污染物超过了它的负荷，河流可以慢慢自我净化，不致污染如此严重。但练江没有洁净的生态补充水，自净能力被严重破坏。汕头市环保局有关负责人介绍：练江现在没有一个洁净的生态补充水源，流进去的多是废水，练江变成一个死水库，一个污水的储集地。练江的源头已经缺水。曾是练江主要水源之一的白坑湖，湖面面积曾有4000多亩，到新中国成立初期围湖造地时，湖面面积仍有2000多亩。而在20世纪70年代，白坑湖几近消失变为农田。而在普宁境内，流域内上三坑、下三坑和汤坑等中型水库，因供应普宁市区和东部地区群众用水，流到练江的洁净生态补充水几乎都被截留，流域内水源最终汇入练江干流的水量非常有限。

第四，"九龙治水"问题突出，跨区管理矛盾重重。"下游的认为即便我这里再怎么治理，上游污染不改变面貌也是枉然。"省人大代表蔡晓玲就曾直言，练江是跨市河流，涉及汕头、揭阳两市，多头管理、多头执法反而造成权责不清，整治方案与整治步骤很难协调。2011年，广东省计划在普宁与潮南区交界的青洋山设立一个水质监测点，用来检测练江上游普宁流下来的水质。该监测点建设任务下达给汕头市环保局，汕头市为此协调了一年。有关领导指出："省里如果没将监测点列入规划，而是由汕头自己来建，那困难更大，光是监测数据的有效性、权威性，就没法保证。"

总之，资金、技术、跨区管理矛盾等问题始终是练江整治难以绕过的"坎"。从政府官员到百姓，一些人认为练江没法治，也没必要治，甚至一度想放弃治理。"等、靠、要""光说不练"等问题一直困扰着练江的污染防治。

二、主要做法

（一）驻点督导，层层防控，合力推进治理体制机制创新

2018 年 7 月 9 日，中央生态环保督察"回头看"刚结束，广东省委书记李希就来到练江实地督导，时任广东省省长马兴瑞坚持每半年到练江一督办，三年多里亲临练江督导 9 次，主动牵头督办练江污染整治，现场调度办公，召开整治工作推进会，研究解决重点难点问题。广东省生态环境厅发挥省直牵头部门作用，强化"一市一策一专班"督导服务，成立厅主要领导带队的工作专班，实施"挂图作战""一月一督导"。

汕头市委、市政府切实担起练江治理的主体责任，建立"四个一"工作制度，落实"党政同责、一岗双责"，成立汕头市练江流域综合整治领导小组，由市委书记任组长、市长任第一副组长，党政主要领导带领一班人一抓到底；从各单位抽调业务骨干组成汕头市练江流域综合整治领导小组办公室，负责牵头落实各项工作；潮阳区、潮南区分别成立区练江整治办公室，做到"层层有人管、层层抓落实"；各级河长通过"广东智慧河"APP、无人机等方式开展全方位巡河，及时排查河涌环境污染现象。

汕头市还在汕头日报社、汕头广播电视台设立"环境整治曝光台"，创建"练江整治全民监拍"微信公众号并制作宣传牌，建立"曝光—整改—回应"为一体的舆论监督工作模式，对曝光问题进行查处。自中央环保督察"回头看"以来，市、区两级"曝光台"曝光练江污染问题 405 个，已完成整改 404 个。畅通群众参与和监督渠道，倡导社会各界及公众身体力行，通过宣传

教育、文艺创作、乡村汇演、知识问答、低碳生活和绿色分享等方式，全面提升群众环保意识，营造全民共治共建共享的良好舆论氛围。建立有奖举报机制，鼓励群众积极参与治水。如，在练江干支流沿岸竖河长牌、监督举报牌等，鼓励群众随时随地"随手拍"，曝光身边的环境违法行为，通过奖励手机话费等方式对群众的举报行为进行奖励，进一步提升群众参与治水的积极性和获得感。

（二）打击违法，高压问责，全面形成污染治理强大攻势

汕头市生态环境、公安、水务、检察等部门紧密配合，重拳打击练江流域非法印染、电镀、废旧拆解等污染环境违法犯罪活动，通过组织明察暗访、发动群众举报、利用无人机高空拍摄取证等多种手段，对潮阳、潮南重点行业开展地毯式清查整治，惩处和曝光一批污染环境的企业。2018 年以来，共侦办污染环境刑事案件 155 宗，刑事拘留 405 人，逮捕 337 人，其中逮捕实际经营者 168 人，立行政案件 873 宗，行政拘留 647 人，罚款 8547 万元。依法关停高污染低效益的各类企业，大幅削减工业污染物排放量，已关停取缔"散乱污"企业 1137 家，落实升级改造 158 家。2020 年，汕头市潮阳区法院共判决练江污染环境犯罪案件 13 件 14 人，受理环保行政非诉执行案件 7 件。

（三）抓住要害，重点突破，深入推进"五清"专项整治

"练江治理不是什么太难的技术活，关键是截污治污，关键是真干实干。"汕头市第一时间开展练江流域干支流清理非法排污口、清理水面漂浮物、清理底泥污染物、清理河湖障碍物、清理涉河湖违法违建的"五清"专项行动。谷饶溪整治是潮阳推动练江整治的第一战，2019 年 7 月 18 日起，谷饶镇仅用了 5 天，便全部拆除涉及 62 户 71 间房、存在了 30 多年、面积约 1.3 万平方米的违章建筑群。通过拆除岸边违建、河道清淤、建设截污干管等多项工作，终于啃下这块硬骨头，还给谷饶镇一条干净的母亲河。截至 2021 年 11 月，累计清理练江流域排污口 2.13 万个，累计清淤整治支流 895 宗、河道沟渠 2051 公里，清理违规构建物 18.6 万平方米、漂浮物 95 万吨、河湖障碍物 1997 处。"五清"专项行动清除了污染存量，带来了水面洁净立竿见影的效果。练江干流及重点支流的水浮莲和漂浮物被清理干净后，通过社会化购买服务的方式每日分河段进行清理，练江整治转入常态化管理。相关负责人表示："现在我们通过购买第三方服务实现了常态化管理，两潮一年管理费在 1000 万元左右。""花小钱来实现常态化管理，这个钱花得值。"

（四）民主决策，利益共享，有序推进垃圾焚烧厂建设

垃圾焚烧发电项目与群众休戚相关，在推进建设中，潮南区注重把群众广泛参与纳入决策程序，在重点项目的选址、规划设计、征地拆迁政策制定等方面，广泛征求群众意见，从项目的决策开始，就把群众工作、化解矛盾做在前，有效避免了"决策一出台，矛盾跟着来"。由于项目发展涉及征地、拆迁等一系列实际问题，如何让村民由拒绝转为欢迎、支持，需要新思路、新办法。除了消除村民疑虑，还必须让村民感受到项目发展带来的效益，这才是治本之策。按照"谁受益、谁付费，谁受损、谁受偿"的原则，潮南区探索建立生态补偿机制。首先是做好征地补偿，项目征地补偿费用参照揭惠高速公路潮南段征地补偿标准，由区财政在项目动工前一次性向村民支付征地补偿费约 1197 万元。项目运营期间，每年帮助全村 5413 人缴纳医保、城乡居民一体化养老保险，在项目建成投产后逐年支付，每年约 400 多万元。其次是坚持利益共享，按人口每年给予固定的补偿，让当地群众真正感受到项目落地带来的红利和实惠。相关负责人表示："每年每个户口可以得到 500 元。这些地本来都是山地，基本没有收入，项目实施后反而为村民带来了增收，村民都很高兴。"

（五）源头截污，雨污分流，提升污水处理设施功效

练江流域人口密度是广东省平均水平的 6 倍，然而当地环境基础设施建设严重滞后。2014 年之前，练江流域生活污水处理率仅 16%，远低于广东省 83.5% 的平均水平。污水管网欠账更多。因此，加快污水处理厂及其配套管网等环境基础设施建设，成为练江整治的首要之战、关键之战。

针对在建的污水处理系统仍为雨污合流，无法充分发挥污水处理设施的减排效果，时任汕头市委书记马文田亲自组织研究、论证，亲自指导推动"源头截污、雨污分流"示范工作，并将这项工作在汕头市全面铺开，切实从根本上解决练江污染问题。这项工作做起来困难不小：潮汕地区的民居极富特色，被称为"下山虎"和"四点金"，无论是山墙式样还是地坪排布，都与"风水"相关。并且，这些建筑历史非常悠久，有的可以追溯到清代甚至更早。要建一条新的管道，势必要将居民家里的地坪打开，仅仅这一点就要耗费大量时间去做动员工作。

截至 2021 年 10 月，练江流域已建成 13 座生活污水处理厂、2 座工业污水处理厂、79 座农村一体化分散式污水处理设施，建成管网 8137 公里，包括生活污水处理设施配套管网 7688 公里（含污水处理厂管网 1550 公里、雨污分流管网 6136 公里）、工业污水处理厂配套管网 24 公里、农村一体化分散式设施配套管网 425 公里，514 个自然村已实施雨污分流工程，污水处理能力达到 98.25 万吨/日（包括生活污水处理能力 74 万吨/日、工业污水处理能力 23 万吨/日、农村一体化分散式设施污水处理能力 1.25 万吨/日）。

（六）集中管控，精准扶持，实现产业转型与生态保护双赢

"所有企业都集中在园区，谁还能再偷排？而且我们对企业排污数据实时监控，污水排进处理厂集中处理，也有相应补贴。"汕头全力以赴抢建印染园区。经过各方面艰苦努力，潮南印染园区于 2019 年 12 月建成投产，125 家企业进驻，102 家企业已投产。潮阳印染园区于 2020 年 6 月底基本建成，49 家企业进驻，23 家企业已投产。"治污不是要让企业死掉，而是要让企业活得更好，实现高质量发展。"解决发展与环保的难题，产业入园成为选择。为确保企业在停产至搬迁入园期间平稳过渡，2018—2020 年，在省相关技改政策基础上提高奖补比例，对入园印染企业按不超过新设备购置额 30% 的比例予以事后奖补，计划技术改造印染企业 157 家。从 2019 年至 2021 年，市财政对符合条件的标准厂房建设项目实行事后奖补，按建造面积对第二层及以上部分给予 100 元/平方米一次性奖补。实施服务外包运输补助，确保产业链不断裂。汕头市财政安排专项资金 5000 万元，对迁入印染园区前通过服务外包形式代工的印染企业，每吨代工产品一次性补助运输费用 400 元。政、银、企三方合作，银行不抽贷不断贷，银企对接解决贷款问题，潮南区还设立纺织印染企业信贷风险补偿资金，为入驻企业融资提供增信，由合作银行为入驻企业提供信贷风险补偿资金贷款，资金总规模控制在 2 亿元以内，预计可撬动 20 亿元以上的银行贷款资金。汕头市人社局通过"汕头人社""汕头市人力资源市场""汕头招聘网"等微信公众号和网站新媒体，结合有线电视、广播、宣传横幅等传统媒体发布活动信息，为分流职工开展精准就业服务。

三、经验启示

三年多来，汕头练江污染整治以习近平生态文明思想为指导，集生态价值观、认识论、实践论和方法论为总成，形成了系统完备、科学规范、实施有效的治理体系，从实践的角度深刻回答了"为什么要建设生态文明、建设什么样的生态文明、怎样建设生态文明"等重大理论和实践问题，汕头练江污染整治成为习近平生态文明思想的实践样本。

（一）坚持以"绿水青山就是金山银山"破解经济发展和生态环境保护的"两难"悖论

党的十八大以来，党中央和习近平总书记相继提出了将生态文明建设纳入"五位一体"总布局、"创新、协调、绿色、开放、共享"五大发展理念、人与自然和谐共生、生态文明协调发展、富强民主文明和谐美丽的社会主义现代化强国等理念及战略部署。习近平总书记指出，"小康全面不全面，生态环境质量是关键"。习近平总书记形象地将环境保护比作"绿水青山"，将经济发展比作"金山银山"，绿水青山就是优质的生态环境，金山银山就是经济效益和人民福祉。在社会经济发展中，如果将优质的生态环境转化为经济效益和民生福祉，提高人民的幸福感，那么绿水青山就是金山银山。汕头练江污染整治就是运用习近平总书记"绿水青山就是金山银山"思想，成功破解经济发展和生态环境保护"两难"悖论的一种绿色发展模式，体现出了习近平总书记科学的环境治理思想。

（二）坚持以人民为中心的思想解决环境治理的社会主要矛盾

习近平总书记深刻精辟地指出"良好的生态环境是最公平的公共产品，是最普惠的民生福祉"。而新时代我国社会主要矛盾中的"不平衡"包括由经济建设与生态环境的矛盾所造成经济社会可持续发展的不平衡；"不充分"包括生态产品、生态服务以及社会整体生态环境，没有充分满足人们美好生活需求；"美好生活"则包括了人民群众的生产生活所需要的宜居生态环境和良好生态产品与生态服务。在练江流域表现为印染纺织产业粗放式发展与练江流域生态环境高度污染的矛盾。因此，坚持以人民为中心，坚持群众路线，成为汕头领导干部打赢练江污染整治攻坚战，解决练江流域社会主要矛盾的根本途径。

（三）坚持以全面加强党的领导为统领深化治理体制机制创新

全面加强党对环境保护的领导是推进练江污染整治的政治保障。习近平总书记从政治建设角度强调环境治理和生态文明建设的重要性，他指出："我们不能把加强生态文明建设、加强生态环境保护、提倡绿色低碳生活方式等仅仅作为经济问题，这里面有很大的政治"，"我国生态环境保护中存在的一些突出问题，一定程度上与体制不健全有关"。可见，推进练江污染整治必须全面加强党的领导，强化党政领导干部对于生态文明建设的政治意识。2018年中央环保督查"回头看"之后，汕头市倾全市之力，进行环境保护治理的机制体制创新，领导干部承担起治污的主体责任，成立"四个一"工作制度和练江综合整治办公室，层层压实责任落实等。汕头党员干部只有把生态文明建设的政治责任放在心上、担在肩上、抓在手上，牢固树立和践行"绿水青山就是金山银山"的理念，才能打赢练江污染防治攻坚战。

（四）坚持以最严格的生态环境保护制度筑牢环境保护的底线

习近平总书记高度重视生态文明建设中的制度建设。他反复强调建立系统完整的生态文明制度体系，用最严格的制度、最严密的法治保护生态环境。作为"实行最严格制度和最严密法治"

的重要载体,中央环保督察是中国环境监管模式的重大变革,是推进练江污染整治的关键一招。自中央环保督察"回头看"以来,练江整治已形成立体化的"五督"机制,即省长半年一督办,华南督察局一月一督察,省直部门(生态环境厅、住建厅、工信厅、水利厅)一月一督导,市长一周一调度,练江办和市直部门全程督查,确保了练江整治过程中人力、物力、财力、进度落地落实。在练江污染整治中,汕头坚持源头严防、过程严管、后果严惩重罚的基本原则,加强在环境监管、环境执法、环境管控、环境司法过程中的执法力度,努力形成严密的环境保护网,完善练江污染整治的制度建设。

(五)坚持以系统的思维全面统筹全流域污染治理的顶层设计

习近平生态文明思想的一个重要方法论是强调系统思维、顶层设计。党的十八大以来,习近平总书记多次提出"山水林田湖草是生命共同体"的论断,强调"人的命脉在田,田的命脉在水,水的命脉在山,山的命脉在土,土的命脉在树。用途管制和生态修复必须遵循自然规律,如果种树的只管种树,治水的只管治水,护田的单纯护田,很容易顾此失彼,最终造成生态的系统性破坏"。这阐明了生态文明建设的系统性和复杂性。练江污染整治是一个复杂的系统工程,一项实践性很强的工作。练江污染整治坚持以问题为导向,立足于练江流域和生态系统的整体性保护,从污染源头——生活垃圾、生活污水、生产污水出发,全力攻克最棘手、最难啃的生活垃圾焚烧厂、生活污水厂、印染园区"三大山头",制定一整套整治方案。

与其他流域污染治理相比,练江污染时间跨度长,从20世纪90年代到2018年,积弊深繁,整治过程面临的问题最为全面,如领导干部生态意识和责任担当、产业发展与环境保护、资金短缺、整治系统性、邻避效应、群体事件、潮汕传统文化冲突等问题，但练江治理时间短而见效快，形成一整套有关流域污染治理的经验和做法，值得其他地方在进行流域污染治理时借鉴。

【思考题】

1. 提出练江污染难以治理的原因，就其主次排序并说明理由。

2. 提出练江污染治理成功的措施，就其重要度排序并说明理由。

以"绣花"功夫激发老街区新活力[*]

——广州市恩宁路永庆坊历史文化街区活化改造

【摘要】"未识广州，先闻西关"。以永庆坊为中心向外扩展，约 12 万平方米的恩宁路历史文化街区，是广州保存最为完整的骑楼建筑群，恩宁路被称为"广州最美老街"。历史上，粤剧曲艺、武术医药、印章雕刻、西关打铜、广绣等传统文化和民间手工艺曾在此集聚发展并发扬光大。

时过境迁，随着城市中心东移，建筑年久失修，地面路石破碎，空中线缆交织，排污管网老化。由于街区面貌衰败、居住环境变差，年轻人纷纷外流，昔日与人们生活朝夕相伴的民间手工艺日渐式微，传统文化氛围日益稀薄，街区空心化问题严重。至20 世纪 90 年代，该地块成为广州市危旧房最集中的区域之一，辖内危破旧房密集，公共基础设施薄弱，街区景观衰败，亟需修缮维护及更新改造。

随着国家《历史文化名城名镇名村保护条例》、广东省《关

---

　　* 本案例由中共广东省委党校（广东行政学院）文史教研部张承良教授、汤红副教授，中共广州市委党校闻瑞东副教授、葛思坤副教授撰写。广州市规划和自然资源局、荔湾区住房和建设局等单位提供了调研和资料支持。

于加强历史建筑保护的意见》等法规与政策文件的出台，广州市先后公布实施了《广州市历史文化名城保护条例》《广州市城市更新办法》等地方性法规与政策性文件。在此背景下，永庆坊历史文化街区通过实施微改造，创新思路和做法，实现了广州市历史街区更新改造的三个"第一"，即第一个提出并实施在老城区做减量规划；第一个按照"政府主导、两权分离①、企业实施"的模式，采用BOT②形式实施微改造，通过公开招标引入企业进行建设及运营，负责项目投融资、设计、建设、运营和维护；第一次采用共商共建共治模式进行项目建设。永庆坊历史文化街区微改造项目带来的经验主要是：理念先行，以观念变革引领实践创新；模式创新，强调活化保护；路径创新，形成多方共赢的分工合作格局；治理创新，探索适应历史文化街区特质的微改造之道。

【**关键词**】 永庆坊　历史文化街区　活化利用　城市更新

2018年10月24日，习近平总书记在广州考察，来到荔湾区恩宁路永庆坊历史文化街区，沿街察看旧城改造、历史文化建筑修缮保护情况。他指出："城市规划和建设要高度重视历史文化保护，不急功近利，不大拆大建。要突出地方特色，注重人居环境改善，更多采用微改造这种'绣花'功夫，注重文明传承、文

---

① 即建筑物及公共空间的产权和管理经营权分离。

② BOT是英文 Build - Operate - Transfer 的缩写，通常直译为"建设—经营—转让"。BOT作为基础设施投资、建设和经营的一种方式，是以政府和私人机构之间达成协议为前提，由政府向私人机构颁布特许，允许其在一定时期内筹集资金建设某一基础设施并管理和经营该设施及其相应的产品与服务。

化延续，让城市留下记忆，让人们记住乡愁。"

广州市恩宁路永庆坊历史文化街区通过"微改造"的方式推进、落实历史街区更新的既定目标，成为广东实践习近平总书记所强调的以"绣花功夫"传承文明、延续文化，实现广州老街区新活力的具有引领示范意义的成功案例，成为国内城市更新中落实历史文化街区活化改造富有代表性的例子。

一、背景情况

城市更新是城市发展的一项重要工作。自 20 世纪 90 年代末期以来，随着现代城市发展的需要，我国城市更新日益成为一个全新的时代课题。特别是党的十八大以来，随着城市治理意识的进步和治理法治化水平的提高，城市更新活动中所面临的难题，诸如土地用途变更、产权关系协调、开发利益分配等问题的冲突制约更加突出。因此，转变思路、创新路径，探索可以合理、有效支撑城市更新活动有序开展的有益做法，使城市更新既顺应人们对现代美好生活的诉求，又有效地延续城市文脉、传承文化；既有利于激发城市活力，又有利于满足现代城市管理、社区治理的需要，益发成为城市更新高质量发展的题中之义。

（一）基本情况

永庆坊位于广州市恩宁路历史文化片区内，是广州市 26 片历史文化街区之一，约占荔湾老城区面积的 3%，总面积 11.37 万平方米，原有建筑 1352 栋，共有居民 2760 户。街区内中西合璧风格的骑楼街诞生于 1931 年，是广州现今保存最为完整的骑楼建筑群，其中还较为完整地保留着李小龙祖居、詹天佑纪念馆、八和会馆、銮舆堂、宝庆大押等富有岭南特色的历史建筑，被誉为"广州最美老街"。与此同时，永庆坊还曾是广州非遗文化集聚之地，活跃着粤剧曲艺、武术、医药、手工印章雕刻、剪纸、西关打铜、广彩、广绣等富有代表性的岭南非遗文化活动。

随着时间推移，曾经辉煌的西关大屋与骑楼，历经百年岁月后变得破败凋零，区内危破旧房密集，街坊日渐老龄，老字号日渐式微，街区空心化问题突出。至 20 世纪 90 年代，该地块成为广州市危旧房最集中的地区之一，辖内危破旧房密集，公共基础设施薄弱，亟需修缮维护及更新改造。

2006 年 5 月，广州市委、市政府决定将恩宁路地块作为广州市实施危破房连片改造的试点之一。2007 年 2 月，成立"荔湾区连片危破房改造项目办公室"，并开始着手办理项目各项前期工作；9 月，项目取得房屋拆迁许可证并于 11 月正式实施动迁。由于在动迁过程中发现了较多历史文化资源，市政府在听取各方意见后及时修正思路，于 2011 年重新组织编制了《恩宁路旧城改造更新地块控制性详细规划导则更改》，并提出"整旧如旧，新旧建筑风貌相融"的原则，全面暂停恩宁路拆迁工作。

2012 年 6 月，荔湾区按照广州市政府"历史文化名城保护和岭南文化名城建设"的要求重新启动恩宁路地块改造项目，并最终确定将永庆坊街区作为试点予以推行。永庆坊项目地块范围东至宝华路，北至多宝路，西、南至恩宁路，改造用地总面积 11.37 万平方米，总建筑面积约 24.6 万平方米。项目以活化利用为导向进行更新改造，计划将恩宁路地块除博物馆用地以外的土地及已征收的保留房屋整体打包，通过引入社会资本并采用微改造的方式，开展建设开发、经营管理等工作。

2015 年底，永庆坊改造试点项目经过了立项、政策准备及公开招标阶段，并以 BOT 模式确定广州万科作为实施主体。随着粤剧艺术博物馆于 2016 年 1 月落成，当年 9 月，永庆坊项目第一期建设也宣告竣工并投入运营。

此后，广州万科续标永庆坊二期改造工程，于 2018 年 9 月开工建设，2021 年底整体完成并开放运营。

（二）面临的问题

从根本上说，历史文化街区的活化改造，需要兼顾多方面的价值和利益诉求：一是要顺应人们对现代美好生活的追求，美观、舒适、便利等是题中之义；二是要以不搞大拆大建的微改造的方式延续城市文脉、传承文化。三是要使老街区保持城市活力，满足有利于现代城市管理、社区治理的需要。具体来说，永庆坊街区作为恩宁路历史文化片区改造的试点，面对的突出问题主要有以下几点：

第一，历史城区衰败的问题。恩宁路骑楼街被誉为"广州最美骑楼街"，历史悠久，街区内遍布老街、深巷，保留传统西关生活景象，是满载西关风情、岭南传统生活方式的活体博物街，同时也是粤剧、武术、手工艺等岭南非遗文化的集聚、传承地。但由于年轻人纷纷外迁，公共设施老化等因素影响，曾经辉煌的西关大屋与骑楼，历经百年岁月后变得破败凋零。如何以活化改造的方式激发旧城区的新活力，持续地吸引人流、激活消费，这是永庆坊活化改造面对的根本性问题。

第二，资金投入和后续资本可持续进入的问题。对永庆坊进行活化改造，涉及巨量资金投入。作为历史文化保护类项目，其中涉及原住民外迁安置、危旧房维护改造、配套基础设施建设及部分项目拆迁，都需要政府财政的大量而长期的投入，这些资金无法通过传统的土地拍卖方式来吸引社会资本参与而获得，因此，对政府财政和可持续投入形成了巨大压力。① 此外，项目建成后的运营维护投入也将是一个"无底洞"，如何有效吸引社会资本的持续进入，亟需转变思路、创新路径。

第三，多方利益的协调平衡问题。历史文化保护类项目涉及政府、本地居民、文保志愿者、社会企业等多个主体的利益与诉求，同时，还是新闻媒体公开监督的热点话题之一。城市建设与历史记忆传承、私人利益与公共利益、保护限制要求与人居环境改善需求之间往往存在着难以调和的矛盾，需要建立新的协调机制来确保项目落地并平衡各方利益。

第四，街区历史风貌延续及传统文化氛围维持的问题。街区内有着大量危旧传统建筑和历史建筑，如何通过微改造将街区历史风貌予以最大程度的保留？同时，如何在改造完成的空间内营造出浓厚的岭南传统文化氛围，通过活化的岭南非遗文化，使历史街区焕发出现代生活新活力？这是项目实施的核心和疑难问题之一。

第五，老旧街区无法满足现代生活需求的问题。历史文化街区内普遍存在居住安全隐患问题，如砖木建筑质量差、耐火等级低，传统建筑布局无法安全疏散、小尺度的街巷布局难以满足消防车道和防火间距等，这些都成为街区管理的问题症结点。同时，还有居住舒适度低无法满足现代生活基本需求的问题，如市政设施不完善，街巷内涝问题严重，房屋缺少生活污水排放系统等居住生活基础设施。如何在保持街区历史风貌的同时，又较好地满

① 数据显示，政府在永庆坊项目上先后投入了近15亿元用于公共项目和事项（包括建设粤剧艺术博物馆所花费的4.34亿元），公共投入成为地方财政的一个巨大负担。

足现代管理和现代舒适生活追求的需要，这也是微改造面临的两难问题之一。

二、主要做法

在广州市城市更新微改造的大背景下，荔湾区政府遵循从高处着眼、细微处入手的原则，改变思路，大胆探索，围绕永庆坊历史文化街区城市更新项目开展了一系列的创新性尝试。由荔湾区政府主导、广州万科为实施主体的项目团队创新思路，在经过大量的一手调研和听取多方意见后，精心协同各方达成共识，以"绣花"功夫推动了永庆坊微改造项目的成功实施。

（一）强化顶层设计，突出整体性保护，做减量规划

微改造的精细化、精准化实施，首先体现在整体视野下细节关照的制度设计上，这是决策环节所要解决的问题。在经历过20世纪90年代末至21世纪头几年国内城市改造大拆大建的风潮后，广州市从党的十七大后逐步确立了历史文化保护传承的自觉意识，并通过广州市城市规划委员会的运行机制，确保了永庆坊街区得以从历史文化保护传承为出发点实施城市更新改造。

这一转变，折射的是旧城改造理念上的一个巨大转型。事实上，自2006年5月广州决定将恩宁路地块作为广州市实施危破房连片改造的试点以来，恩宁路永庆坊地块改造更新先后经历了七轮的前期规划方案论证。其中，前六轮方案都是以追求用地范围内改造的经济平衡为出发点而进行增量的规划设计，将改造重点放在提高用地的开发强度、增加建筑层数和容量上。这种改造思路，势必导致历史街区的空间格局发生很大调整，造成对原有的城市肌理和街区风貌的颠覆性破坏。所幸的是，由于有了广州市城市规划委员会这一历史文化保护"守门人"机制，前面六轮方

案论证最终都未能获得通过。

随着国家《历史文化名城名镇名村保护条例》、广东省住房和城乡建设厅《关于加强优秀历史建筑保护工作指导意见》的颁布实施，各级政府对历史文化保护的认识也不断提高。在江伟辉（荔湾区住建局二级调研员，具体负责荔湾区旧城改造和历史文化保护相关事务）的提议得到荔湾区领导的通过后，华南理工大学建筑设计研究院王世福团队负责设计了第七轮方案，其调整了前六次设计的基本思路，不再执着于改造项目的经济平衡，第一次以保护历史文化为前提，大胆提出在老城区做减量规划的思路。按照这一思路，历史街区改造将不再搞大拆大建，而是采取微改造和混合改造的方式。设计方案还突出历史街区整体性保护的理念，提出取消部分开膛破肚的市政规划"红线"，实行"红线"避让"紫线"，强化历史街区的文化肌理及街区风貌保护，保留传统骑楼街，揭盖复涌恢复历史街区旧有风貌。在此基础上，通过对老建筑的保护性修缮及活化利用、街区空间的优化提升和公共设施的补充完善及现代化改造等"微改造"措施，实现对用地范围内街区的有机更新。

2011年6月，荔湾区政府组织的《荔湾区恩宁路旧城更新规划》及控规调整正式提交广州市城市规划委员会审定。最终该规划以全票获得了广州市城市规划委员会的审批通过。

2015年中央城建工作会议后，广州市积极落实会议精神，在全国率先开展老旧小区改造工作，并先后出台了《广州市历史文化名城保护条例》《广州市城市更新办法》以及旧城、旧厂、旧村更新实施办法，提出微改造的实施模式。同时，专门制定了《广州市老旧小区微改造实施方案》，将危房治理作为优化提升类，纳入改造内容之一，由政府改造小区公共基础设施和公共服务设施，引导居民自发对危房进行治理（属于政府直管房的纳入改造方案由财政出资改造）。

（二）构建"政府主导、两权分离、企业实施"的城市更新实践主体新模式

微改造中以"绣花"功夫抓落实，还体现在制度框架下的模式创新及机制创新上。在第七稿改造方案正式通过后，荔湾区恩宁路地块的微改造进入实施执行环节。在实施初期，改造面临的问题集中在两方面：一是拆迁问题。随着第一、第二阶段拆迁，大部分愿意搬迁的居民都已签约；未签约的居民，其拒绝搬迁的态度相当坚决，而且在分布上也非常零散，使得拆迁的进展非常缓慢，规划方案的整体性也受到了比较大的影响。二是政府财政上的压力。整个项目光拆迁就用了将近 11 亿元，结果只征收了近七成的房屋，还有很多居民不愿意搬迁。地块因为是不完全征收，也无法进行二级土地市场的招拍挂，如果政府对征收回来的房屋进行改造，又需要投入一笔巨额的财政资金，这样一个拆迁的"半拉子工程"由谁出资改造都还没有先例，项目陷入停顿状态。

为了解决历史文化保护建筑改造标准高，审批程序复杂、效率低下，后续物业管理、街区营运等一系列难题，荔湾区改变思路，采用了引入社会资本参与旧城更新的办法，按照"政府主导、两权分离、企业实施"的运作模式实施永庆坊街区的更新改造。

为此，荔湾区按照广州市政府"历史文化名城保护和岭南文化名城建设"的要求，制定了《永庆片区微改造建设导则》《永庆片区微改造社区业态控制导则》，尊重现状多元的产权结构与复杂的土地模式，在解决好与原居民关系的前提下，实行建筑物与公共空间的产权与管理经营权相分离。

2016 年初，荔湾区政府启动永庆坊改造试点项目（永庆坊一期）① 的社会招标，将永庆坊街区除博物馆用地以外的土地及已征收的保留房屋整体打包，最终确定由广州万科作为项目实施主体。

按照招标协议，广州万科在实施改造、建设及运营的过程中，要以微改造、活化利用为导向进行更新改造；广州万科负责项目投融资、设计、建设、运营和维护所发生的一切费用，在项目建成后的运营期内，广州万科经营所得作为项目投资的收益，无需另行向荔湾区政府支付费用。运营期结束后，若双方不续期，则中标企业应无条件并无偿将本项目运营移交给政府。②

这一做法可谓"一箭双雕"，一举破解了资金困境和活化利用的内生活力问题：一方面，通过将项目内旧有建筑物、公共空间的产权和管理经营权剥离，将管理经营权让渡给有实力的专业化企业，让企业承担相当部分的改造资金，从而拓宽了资金渠道，解决了资金投入的不可持续问题；另一方面，由实施微改造的企业来开展后续的运营、管理，使得改造后的街区活化及可持续发展问题被提前纳入规划设计的考量，解决了一般改造中只有物质空间改造，缺乏产业引导和生活方式创新，无法实现自我供血、维持街区活力的问题。

---

① 永庆坊一期位于恩宁路中段，邻近粤剧艺术博物馆，是恩宁路旧城改造项目的一部分。占地面积约 8000 平方米，修缮维护建筑面积约 7800 平方米。

② 永庆坊一期运营期为 15 年，已于 2016 年 10 月改造建设完成并开放运营；永庆坊二期运营期为 20 年，于 2018 年 9 月开工建设，项目已于 2021 年底完成并投入运营。

（三）尊重原住民意愿，推动原住民与新业态双向融入

以"绣花"功夫抓落实，同时还体现在面对复杂的老旧建筑产权和原住民差异化诉求时的耐心、细心及创新工作方法上。老城区的更新改造，一个老大难的问题是老建筑产权的复杂性，以及原住民诉求的千差万别。在永庆坊项目实施征收工作时，遇到一个最让人头疼的难题是：尽管拆迁补偿的标准已是当时老城区拆迁的最高标准，拆迁安置也尽量就近建设安置房解决，但仍有相当比例的居民不愿意搬迁。同意搬迁的与不同意搬迁的房屋产权相互交错，导致征收回来的待改造空间零碎散乱，根本就没有办法进行规整和统一设计。

考虑到全面征收并腾空原有建筑的难度太大，且征收回来的街区空间如果完全迁走老居民，只是保留了物质形态空间，有血有肉的居民生活历史却被人为中断，从而导致最重要的历史文化信息没有办法予以活态保留。为此，实施团队决定改变思路，即对于不愿搬迁的居民不再强求其搬迁，而是让他们继续居住、生活其间，并进而引导他们共同参与历史街区的改造，共享历史街区微改造的成果。最终，永庆坊一期项目有 43 栋房屋陆续被收回（经安全鉴定，有 30 栋为严重损坏房），同时，保留了不愿搬迁的部分居民共 25 户，这些老街坊继续在永庆坊街区内安居乐业，延续街坊们的"老广州"生活。

这一做法，无形之中造就了历史街区改造中一个让人"求之不得"的效果，即通过在微改造中保持原居民生活历史和状态的"烟火气"，既保留了历史街区的旧有风貌和生活样态，又实现了老旧街区重新焕发活力的初衷，形成了"留人、留形、留神韵""见人、见物、见生活"的新业态与原住民共融共生活力街区。

2018 年 10 月 28 日，习近平总书记视察广州，来到了永庆

坊，并对城市规划和建设作了重要的指示，肯定了永庆坊的改造模式。

（四）坚持专业化保护，以"绣花"功夫实现历史文脉传承

让专业化的团队将历史街区风貌保护和修复工作做到极致，是以"绣花"功夫抓落实的另一重要体现。项目启动前，政府主导编制了以强调历史文化保护底线为核心的街区保护规划方案，明确保护对象，做到应保尽保。广州市规划和自然资源局下属单位广州市岭南建筑研究中心全程参与建设实施。广州市岭南建筑研究中心作为专业的建筑研究与设计机构，通过对永庆坊街区细致深入的历史研究，梳理街区历史文脉，进而以"绣花"功夫对街区受损的文化肌理进行缝合修补，在保持街巷历史风貌的基础上，因地制宜增设开敞空间，形成了极具特色的岭南风情空间序列。

永庆坊地块的改造分为三部分：一是荔枝湾河涌综合整治工程。通过揭盖复涌，恢复永庆坊北侧外围的荔枝湾河涌景观（已完成建设并投入使用）。二是粤剧艺术博物馆片区，已于2016年建成开放。三是永庆坊项目一期和二期的微改造。按照"修旧如旧"的原则，以延续旧城历史风貌、保留历史建筑为主，对保留不拆的房屋（包括具有历史价值的建筑及与规划布局无矛盾的建筑）进行适当的修缮及整饰，最大限度地保护恩宁路地块的历史环境要素。①

---

① 以永庆坊二期为例，微改造坚持传统与创新相结合，以历史人文融合都市生活，以产业重构的方式导入创新产业，打造个性工坊、人文小巷、慢调水岸、最美骑楼街、时尚天地、先锋主场、创意部落等8个片区（骑楼段、示范段、滨河段、粤博西段、粤博东段、吉祥段、金声段、多宝段）。项目整体已于2021年底完成，永庆坊一、二期及周边街区一道，已经成为广州城市历史文化新名片。

永庆坊历史街区所实施的微改造工程，充分体现了习近平总书记在视察永庆坊时所指示的历史文化保护"绣花"功夫。比如，为保留麻石路的初始面貌，同时兼顾下水道排污，施工人员把麻石整块挖开，重新铺设管道后再恢复原貌。在骑楼修缮过程中，木框琉璃窗都尽量原汁原味保留，重新刷上油漆；对旧门窗缺失的地方，按照外立面风格新装门窗；牌楼上的雕花彩塑均原汁原味地保留，微改造时重新上色。此外，永庆坊周边的恩宁路、宝源路、丛桂路、龙津西路、多宝路、蓬莱路等道路沿线，也重新铺设了深灰色的人行道花岗石、盲道及路缘石，原汁原味地保留着岭南特色风貌。

（五）着力改善人居环境品质，切实提升历史文化街区宜居性

对于实施改造的团队来说，如何在整体性保护旧有风貌和文化肌理的基础上，有效地提升街区人居环境品质，优化街区内居民和游客的舒适度，营造"古意浓厚、现代舒适"的生活氛围，是永庆坊历史街区改造面临的又一大难题。

永庆坊项目在微改造的过程中，实施团队尽最大努力保留老建筑的空间肌理、外部轮廓，只对必要处进行更新和修复。在此基础上，对建筑内部则采用现代建筑元素，调整空间结构，适应现代活动需求。与此同时，对历史街区改造后所必需的配套基础设施建设，如建筑物抗震、社区卫生、排水、照明、消防、通信等，都在不影响整体景观的前提下进行高标准建设：一是通过对危旧建筑结构加固及置换部分承重墙面，以提高建筑使用安全性，其所花费的成本，甚至比重新建造的成本高2～3倍。经改造后的原有建筑物，房屋结构变得更加稳固，抗震设防烈度升级为7度，结构强度与新建现代建筑一致。二是对街区进行整体市政设施改造，增建配电房，将街巷上空杂乱的线网进行规整，实现大部分线网落地，对市政管网重新进行了铺设，实现三线下地与设置污废分流系统，应用海绵城市技术提高地区的渗水与透水率。三是通过对建筑物翻新排危、麻石街面重新规整铺砌、建筑适度抽疏等手段，增加了街头绿地、广场，街区整体环境和风貌也得到大力提升；增加了党建活动中心，社会停车场等公共服务设施等。

特别值得一提的是，永庆坊项目在实施改造的过程中，针对历史街区多年来都无法通过现代城市标准的消防验收这一困境，广州市及荔湾区住建局开拓思路、创新做法，特别委托应急管理部天津消防研究所为永庆坊量身定造了一套适合历史街区的消防标准，由专家论证，最后通过消防部门的验收，开创了历史街区微改造中实施特别消防标准的先河。

永庆坊项目还通过设置多级别消防通道、建设智慧消防设施、加装全新消防管网、增设小型消防站、建设智能消防报警系统与新型自动灭火系统、配备消防管理员、完善消防审批、使用耐火极限更高建筑材料及构造手法等手段，提高建筑物及历史街区的整体防火和救援能力。通过推进一系列扎实而有针对性的基础设施重建，永庆坊历史街区的人居环境品质得到极大提升，现代新技术手段为老街区的活力迸发提供了坚实的基础设施支撑。

（六）坚持共商共建共享，开展居民美好环境与幸福生活共同缔造活动

在永庆坊项目改造实施过程中，最难的还是原住民（业主和租户）的利益协调问题。为了解决永庆坊改造过程中遇到的征收、属地街建筑外墙景观及基础设施改善、产业注入及街区公共事务管理等难题，改造实施团队始终高度重视公众参与，将街区改造与社会治理相结合，推动实现街区的共建共治共享。

2018 年 9 月，荔湾区政府在恩宁路片区创造性地搭建了"恩宁路历史文化街区共同缔造委员会"这一沟通协商平台,以社区工作坊、入户沟通及主题座谈会等形式吸引广泛的公众参与。该平台以居民业主代表为主,囊括政协委员、人大代表、街道管理人员、城市规划与文保专家、商户代表、媒体记者代表及建设单位代表等各方力量40余人,他们代表各相关利益方为永庆坊改造发声,通过充分的意见表达、平等商议进而达成共识。这种有着相关利益方充分参与的共建共商共享模式,成功地化解了各方矛盾,保证了改造的顺利推进。如:居民希望永庆坊改造能美化环境、增加公共空间,增加公共空间和休憩场所,为此,二期修建了500米长的恩宁涌公共水岸,提升绿化、铺装、城市家具以及灯光;十二甫西街的公共空间也安装了休闲设施,包括绿化带、休憩座位及"永庆环"水幕装置等。

实践证明,在街道社区的日常治理中,共同缔造委员会也可以发挥重要作用。共同缔造委员会坚持党建引领,以政策规定为尺度,以居民需求为目标,为社区改造和日常治理集思广益、出谋划策,推动城市政府向服务型转变,治理方式向精细化转型,配套资源向街道社区下沉,建设集基本和非基本公共服务等功能于一体的美好生活服务站,增强社区综合服务功能,实现美好家园"共同缔造"。

三、突出成效

永庆坊历史街区经过一期、二期的微改造后,老街区迸发新活力的成效异常明显,人口结构也获得优化。街区原有居住人口低保、残障人士较多,老龄化十分严重,经改造后疏散了部分人口,同时引入各类新型产业,相应的就业、居住人口较多集中在年轻一代,优化了片区的人口结构,增加了老城区的活力。目前,永庆坊历史文化街区已然成为广受关注的特色街区、广州老城新景区、年轻人聚集的活力区。

除了"修旧如旧""原汁原味"的建筑风貌和空间景观，永庆坊项目自改造伊始，就提前考虑街区对新业态的承载功能，通过对优秀岭南文化的创造性转化与创新性发展，导入新业态，注入产业造血功能，让老城区逐渐焕发新活力。

改造后的永庆坊，为青年创客们提供了实现梦想的土壤，已开业运营的永庆坊一期吸引了近60家文化创意、精品民宿、创意轻食、文化传媒等商户和企业，成为青年创客的聚集之地。永庆坊二期则开辟了专门的文化街区，引入广州老字号及时尚轻餐饮文化、岭南特色风情民宿、复合展演空间等新兴业态；引入非遗聚集项目，设立了"三雕一彩一绣"① 及粤剧粤曲等10个具备较强创新意识和市场运营能力的岭南特色非遗大师工作室，形成了集展示、展销、体验、传承、交流、培训功能于一体的岭南非遗文化片区。与此同时，尊重原住民意愿，合理置换居住人群，腾挪产业空间，形成了创客空间、科技研发、文化创意、民宿、轻餐饮等多种业态复合共生的状态，实现文化的复兴和产业的提升。

如今，永庆坊历史文化街区持续平均每月举办各种主题的文化活动8场，包括：世界新闻摄影大赛获奖作品展、"老城市、新活力"文艺展演、"祈愿新年，花庆岭南"新春系列活动、2020年"文化和自然遗产日"系列活动开幕式、"跨界·融合·创新"广州美术学院毕业设计展等，日均吸引客流量7500人，月均人流量约20万人次。2021年国庆期间，仅10月1日一天，人流就达到10万人次。活态传承融入了群众的生活，贴近生活的

---

① "三雕"即牙雕、玉雕、木雕；"一彩"即广彩；"一绣"即广绣。

非遗拥有了生命力。非遗文化进街区有效地推动了非遗资源活化利用及创新发展。非遗项目聚集在历史街区永庆坊，让城市留下了记忆，让人们记住了乡愁。

2017 年，永庆坊历史文化街区微改造项目被纳入国家历史建筑保护利用试点项目。2019 年，恩宁路旧城改造项目被列入住建部历史建筑保护利用试点。与此同时，永庆坊项目在国内获得 2019 中国城市更新论坛十大殿堂案例奖，在国外取得 ASLA2020 城市设计类荣誉奖。[①] 2020 年 8 月，广州市西关永庆坊旅游景区顺利通过国家 4A 级旅游景区创建验收。2020 年 11 月 21 日，"2020 年度中国风景园林学会科学技术奖"获奖项目名单正式公布，并在 2020 年中国风景学会年会上举行了颁奖仪式。"广州市恩宁路历史文化街区保护利用规划及实施方案"项目在 1218 项作品中脱颖而出，获得该奖项（规划设计奖）一等奖，成为全国 20 项获得该殊荣的项目之一。

四、经验启示

永庆坊微改造项目作为以"绣花"功夫传承文明、延续文化的成功案例，也是习近平新时代中国特色社会主义思想在广东实践创新的典型案例。在当今中国城市发展升级、城市更新日益成为现实需要的背景下，广州市永庆坊微改造项目通过创新"打法"、攻坚克难，将这个曾经被各种"疑难杂症"缠身的老旧历史街区，改造成为"老广州韵味"与"街区新活力"比翼齐飞的

① 美国风景园林师协会奖（American Society of Landscape Architects Awards，简称 ASLA 奖）是美国最高级别的风景园林奖项，奖励在设计、规划和分析、信息传播 4 个方面有卓越表现的风景园林作品。

"网红打卡地"，其中有诸多成功做法值得进一步总结提炼。

（一）理念先行，以观念变革引领实践创新，推动城市更新社会效益与经济效益双提升

永庆坊历史文化街区改造，经历了从大拆大建、片面追求经济效益到开展微改造、平衡经济效益和社会效益的理念转换。20世纪八九十年代，广州市沿袭大拆大建的旧城改造模式，主要由开发单位实施开发建设，对老城区的历史风貌和城市肌理产生了较大的破坏。恩宁路项目初期仍延续这样的思路，试图通过连片危破房改造，拆旧建新，达到改造项目的经济平衡。党的十八大以来，随着全社会对历史文化保护的认识不断提高，广州市政府开始转变思路，吸取国际先进城市的城市更新理念，以保护历史文化为前提，第一次提出在老城区做减量规划，不再大拆大建，而是采用"修旧如旧"的改造方式，保护旧的街区肌理和传统骑楼街，恢复河涌，实现"红线"避让"紫线"。

理念的转换带来了现实的效益提升。在实践中，永庆坊历史街区微改造项目在强化街区风貌保护基础上，通过"留人、留形、留神韵""见人、见物、见生活"的微改造，取得了"环境提升、文脉传承、功能转变、老街新生"的明显成效，不仅较好地保留了街区记忆、延续了历史文脉，还有效地激活了老街区新活力，为社区居民带来实实在在的好处，提升了老百姓的幸福感和获得感，为广州历史文化街区活化利用树立了典范。

（二）模式创新，强调活化保护，通过"微改造"让老街区焕发新活力

自20世纪八九十年代以来，城市更新改造大致先后经历了大拆大建、原样保护、活化保护的不同阶段。在不同的城市更新理念下，历史街区文化传承的范式也相应经历了不同的形态。

党的十八大以来，习近平总书记在不同场合反复强调推动优秀传统文化创造性转化、创新性发展的重要性及实现路径。永庆坊微改造项目正是这样一个在城市更新改造中践行习近平总书记思想的成功案例。项目实施过程中，相关责任主体各方始终严格遵循"修旧如旧"的原则保留原有的街巷肌理，兼顾历史传承、岭南气候与现代化使用的特点，实现了"修旧如旧""建新如故"的效果。如，永庆坊保留了青石板、满洲窗、趟栊门、镬耳屋等传统民居元素，浓郁的西关风情扑面而来。在此基础上，又通过公共空间与休闲空间的再造、玻璃幕墙的点缀等，将现代元素融入其间，形成传统与现代共生的空间景观。与此同时，还通过引入社会企业投资，导入创客空间、文化创意、教育等产业，配套无明火餐饮、青年公寓、文化展览等功能。街巷里弄间，新潮网红店与传统建筑的交融共存，牙雕、广彩、粤剧等传统非遗文化与新注入的时尚文化交相辉映，传统街区风貌、传统文化展演展示、新的生活方式等构成了一幅古典与现代交融的活力画面，让永庆坊散发出独特的魅力。

（三）路径创新，明晰权责，形成多方共赢的分工合作策略路径

永庆坊微改造项目在实施过程中，尊重街区内建筑产权结构多元的现状，在解决好与原住民的关系下，实行所有权与经营权相分离，创设"政府主导、两权分离、企业实施"的实施主体关系模式，既减轻了政府财政压力和运营管理，将政府从繁杂的事务中解脱出来，又有效地通过市场手段导入社会资本和专业运营管理资源，解决了一般改造中只有物质空间改造，缺乏产业引导，无法实现自我供血，维持地方活力的问题。

在此基础上，政府与改造、运营、管理的实施主体明确分工，各司其职，相得益彰。项目前期通过政府投资大型文化设施建设带动地区复兴，以粤剧艺术博物馆建设形成文化触媒效应。后期政府通过规划引导，优先补充公共服务功能，完善地区公共服务配套设施。

通过公开招标引入的广州万科则在政府的监管与协助下，聚焦于改造建设、投资及运营，通过提炼地区文化特色价值，强化老字号品牌的维护与培育，分区注入新的功能业态，通过制定功能业态分区规划与产业正负面清单引导后期业态布局，鼓励建筑空间的多功能混合使用，从而有效地激发了老街区的新活力，实现了多方利益主体的共赢局面。

（四）治理创新，多方参与，探索适应历史文化街区微改造和共同治理之道

永庆坊微改造项目启动伊始，就坚持改造建设与后期管理并重，积极探索创新建管机制，着力破解老旧小区改造后续管护难题，建立老旧小区日常管养长效机制，初步形成老旧小区长效管理工作制度。

恩宁路项目由 2007 年土地征收开始至 2018 年 5 月，一直由广州市荔湾区旧城改造办公室下属项目中心作为项目实施主体，2018 年后项目中心划分并入荔湾区住建局，恩宁路项目随之转由荔湾区住建局牵头。2019 年 3 月 8 日，荔湾区政府下达《荔湾区关于永庆坊活化提升的工作方案》，明确组织架构、任务分工和实施时序等内容，保障永庆坊改造项目顺利实施。其中消防审批经机构改革后，由市、区住建局承接审批、验收的行政许可。电力及"三线"的整治工作由区住建局组织，满足"四网融合"的工作要求，公共路由万科负责建设，线路由各大运营商负责。给水系统仍以原有系统为主，局部有需要的由万科进行改造后接入原有系统，排水单元改造由万科统一进行施工。其间成立永庆坊历史文化街区活化提升工作小组，由区委书记任组长，联动区住建局、区规划局、区发改局、区文广旅体局、区供电局、区科工商信局、区财政局、区农水局、区城管局、交警大队、多宝街等职能部门和属地街道部门。工作小组下设办公室在区住建局，负责组织具体实施，召开领导小组办公室例会，通报项目进展情况等，开展永庆坊项目更新改造。

在此基础上，广州万科作为项目建设方、运营方，同时也是管理方，是街区管理的责任主体。广州万科通过"投资、设计、建设、运营、管理"等主体责任的延展，实现了老旧小区改造项目全生命周期建管一体化。

永庆坊微改造项目对公众参与高度重视，改造过程中对治理机制创新进行探索，创新了历史文化街区微改造和社区治理机制模式。2018年9月，永庆坊项目在市—区—社区三级联动下成立了"恩宁路历史文化街区共同缔造委员会"，这是广州首个历史街区保护利用公众参与组织，成员包括政府官员、居民业主代表、商户代表、城市规划和文保专家、建设方代表，以及媒体代表等相关利益方。共同缔造委员会就是一个平台，让居民、商户和建设者、设计者共同交流。通过这个平台，各相关利益方参与项目建设，充分表达意见、平等商议，达成共识，协同推进城市更新。与此同时，共同缔造委员会还通过公众参与社区治理，形成共建共治共享的街区社会治理模式，不仅有效解决改造过程中的矛盾，还让公众共同经历治理过程，共享治理成果。通过基于广泛参与的共商共建共治共享，极大地提升了街区居民群众的认同感、幸福感。

五、结语

永庆坊街区微改造之所以取得成功，并得到习近平总书记充分肯定，除了有广州市旧城更新改造整体环境的基础性因素外，还得益于改造实施团队在改造的过程中强烈的政治责任感和使命感，其勇于担责，勇于创新，体现了新时代党员领导干部"讲政治""讲方法""讲韧性"抓落实的精髓要义。

党的十九大描绘了我国发展今后30多年的美好蓝图。要实现这个蓝图，除了需要全国上下凝心聚力、持之以恒抓落实，还要勇于创新做法，通过创造性的工作方法去推动改革攻坚，实现各项事业的高质量发展。广州永庆坊微改造项目在问题丛生中起步，通过历史文化传承的"绣花"功夫，成功走出了一条历史文化街区更新改造的创新发展之路，为包括广州市在内的现代城市更新提供了诸多可供借鉴的做法，也为新时代攻坚克难、推动高质量发展提供了有益的启示。

【思考题】

1. 城市更新中历史文化街区的保护和活化改造，涉及方方面面的复杂问题，如果你是牵头活化改造的第一责任人，你会以何种理念来推动解决好城市更新中历史文化街区保护与活化利用的矛盾问题？

2. 在历史文化街区的更新改造中，如何在城市建设和历史文化保护、私人利益和公共利益之间等多元利益中做好协调和平衡，破解改造难题？

3. 永庆坊微改造项目创设"共同缔造委员会"这样一个共商共治共享机制，有何现实意义？

【附录】历史文化街区微改造相关法规、政策文件

1.《历史文化名城名镇名村保护条例》

2.《历史文化名城保护规划标准》

3. 广东省人民政府办公厅《关于加强历史建筑保护的意见》

4. 广东省住房和城乡建设厅《关于加强优秀历史建筑保护工作指导意见》

5.《广州市历史文化名城保护条例》

6.《广州市城市更新办法》

7.《广州市老旧小区微改造实施方案》

8.《广州市促进历史建筑合理利用实施办法》

应急处置"四个一"工作机制[*]

——奋力书写新时代应急管理的广东答卷

【摘要】防范化解重大风险,是各级党委、政府和领导干部的政治职责。广东省委深入学习贯彻习近平总书记关于防范化解重大风险的重要讲话和重要指示精神,始终把人民群众生命安全放在第一位、作为"国之大者",统筹发展和安全,牢牢把握高质量发展主题,坚定不移做好防范化解重大风险工作。

近年来,广东坚持把"预防为先、为前、为优"作为思维习惯,坚持运用科学的思维和专业方法开展应急处突工作。在应急处置上探索形成了"四个一"工作机制:围绕"一个指挥中心"建设,打造以信息化和科技为支撑的应急指挥平台;组建"一个

---

* 本案例由广东省委党校(广东行政校院)应急管理教研部主任宋儒亮、公共管理教研部林峰副教授、应急管理教研部副主任张青教授及黄泽萱、尉馨元、黄明亮等副教授撰写。中共广东省委党校(广东行政学院)常务副校(院)长张广宁给予指导,广东省应急管理厅厅长王中丙、二级巡视员兼办公室主任陈枢、副主任邹霖、应急支援处处长吴海亮,深圳防灾减灾技术研究院院长黄剑涛,深圳地震局局长周金文等给予案例编写课题组大力支持。广东省应急管理厅与中共广东省委党校(广东行政学院)应急管理教学基地[广东省委党校(广东行政学院)首个应急管理教学基地]提供了调研、资料等便利和帮助。

前方指挥部",坚持第一时间到一线指挥;健全"一套工作机制",建立健全监测预警、风险分级管控、会商研判、应急响应、依法应急治理、军地联动等机制;确立"一个发布窗口",依托信息发布中心,统一召开新闻发布会,统一发送有关预警信息和决策信息。

广东实践充分证明,广东之所以成功处置 2018 年台风"山竹"、2019 年高明山火、2020 年 1 月广东新冠肺炎疫情防控、2020 年五月"龙舟水"等重大突发风险事件,是因为广东落实好全国全省"一盘棋"应急响应机制和应急处置"四个一"工作机制。这套机制有效运作,达到了决策指挥"迅速"、现场处置"快速"、机制运行"高速"、信息发布"急速"的效果。

实施应急处置"四个一"工作机制,符合"统筹发展和安全、建设平安中国"的安全理念,充分发挥党对重大工作的集中统一领导,充分贯彻"以人为本"的价值导向,突出系统观念,强化法治思维,重视信息建设,提升了应急处突能力,让机制运行的科学性和有效性在地方应急处突能力的实现和提升上有了较高的展现。这些有益经验,值得推广借鉴。

【关键词】 重大风险 应急处置"四个一"工作机制

习近平总书记指出:要健全风险防范化解机制,坚持从源头上防范化解重大安全风险,真正把问题解决在萌芽之时、成灾之前。党的十九大以来,广东省委省政府认真贯彻落实习近平总书记关于防范化解重大风险和加强应急管理体系和能力建设的重要指示批示精神,统筹安全和发展两件大事,坚持把保障人民群众生命安全放在首位,开创性构建应急处置"四个一"工作机制,持续提升应急处突能力,奋力书写新时代应急管理的广东答卷,形成了具有广东特色的典型经验。

一、背景分析

党的十八大以来，习近平总书记站在总体国家安全观、推进国家治理体系和治理能力现代化和全面依法治国的战略高度，围绕防范化解重大风险、消除重大事件隐患、防灾减灾救灾、落实安全生产责任制等，对应急管理工作作出一系列重要指示，提出一系列新理念新思想新战略。2018 年，以习近平同志为核心的党中央坚持以人民为中心的发展思想，着眼于构建统一领导、权责一致、权威高效的国家应急能力体系，作出组建应急管理部的重大决策部署。

2019 年 11 月 29 日，习近平总书记在主持中共中央政治局第十九次集体学习时强调，应急管理是国家治理体系和治理能力的重要组成部分，承担防范化解重大安全风险、及时应对处置各类灾害事故的重要职责，担负保护人民群众生命财产安全和维护社会稳定的重要使命。要发挥我国应急管理体系的特色和优势，借鉴国外应急管理有益做法，积极推进我国应急管理体系和能力现代化。党中央的重大战略部署和习近平总书记的重要指示批示精神，为广东做好新时代应急管理工作提供了根本遵循。

广东省委深入学习贯彻习近平总书记的重要讲话和重要指示精神，始终把人民群众生命安全放在第一位、作为"国之大者"，统筹发展和安全，牢牢把握高质量发展主题，坚定不移做好防范化解重大风险工作。在此基础上，省委明确强调：要把增强"四个意识"、坚定"四个自信"、做到"两个维护"落实到防范化解重大风险各项工作、加强应急管理工作的具体行动上。要坚持人民至上。进一步完善各项措施，切实守护好人民群众生命财产安全。要强化底线思维。以大概率思维应对小概率事件，对于灾害预警宁可信其有、不可信其无，宁可信其大、不可信其小，宁可备而不用、不可用而无备，把各项工作做足做充分。要有章有法、有板有眼防范应对。坚决落实好全国全省"一盘棋"应急响应机制、应急处置"四个一"工作机制等行之有效的做法，面对灾害时始终有力有序有效应对处置。要坚持系统观念，统筹处理好三防工作与其他工作，相互配合、相互促进，下好先手棋，打好主动战。

近年来，中共广东省委书记李希、广东省省长马兴瑞66次召开省委常委会会议、省政府常务会议、全省视频会议，522次作出批示，为应急管理事业改革发展把脉定向、加力推进。李希书记还先后11次明确授权省应急管理厅代表省委、省政府发出指令，强化牵头抓总、综合统筹。成立由省委书记李希、省长马兴瑞分别担任第一主任和主任的省应急委，统筹四类突发事件的防范与应对。在省委、省政府的有力推动下，全省21个地市、122个县区的应急管理部门全部组建到位并完成党组改设党委，统一承担"三委三部"办公室职责，1611个镇街全部独立设立应急管理办公室，上下贯通、左右联通的应急体系全面建立。这为有效应对和处置突发公共事件提供了坚实的组织基础。

习近平总书记强调，我国是世界上自然灾害最为严重的国家之一，灾害种类多，分布地域广，发生频率高，造成损失重，这是一个基本国情。同时，我国各类事故隐患和安全风险交织叠加、易发多发，影响公共安全的因素日益增多。加强应急管理体系和能力建设，既是一项紧迫任务，又是一项长期任务。广东省委省政府坚持深入学习贯彻习近平总书记重要指示精神，带领全省成功处置了台风"山竹"、五月"龙舟水"和高明山火等事件，及时还原复盘总结经验，形成了有效应对重大风险事件隐患的工作机制。

实施全国全省"一盘棋"应急响应机制和应急处置"四个一"工作机制，运用于灾害事故成效显著，运用于新冠肺炎疫情防控也是作用显著。2020 年 1 月 24 日，在广东省防控新型冠状病毒感染的肺炎疫情工作领导小组办公室发布的《广东省推出防控新型冠状病毒感染的肺炎疫情一级响应 16 条措施》中明确提出建立突发事件处置"四个一"机制："健全防控机制。健全党委政府主要领导负总责、分管领导具体负责，成立工作专班跟进处置，制定行动方案统筹应对，统一口径上报和发布信息的突发事件处置'四个一'机制，有序组织应对处置工作。"疫情防控工作中的"四个一"机制包括：一把手负总责，即各级各单位主要领导要靠前指挥，组织统筹推进本辖区、本系统、本单位疫情防控工作，领导班子成员要分工包片、下沉一级，做到守土有责、守土尽责；组建一套专班，即各级各单位要立即成立疫情防控工作机构，健全工作机制，实行"一日一调度、一日一报告、一事一处理"，确保防控工作有序、有力推进；制定一个方案，即明确目标任务和职责分工，确保责任和措施到岗到人，树立底线思维，制定完善预案，做到有备无患；统一一个口径，即建立健全情况报送机制，及时准确掌握情况，不得瞒报、漏报、迟报。可见，广东应急管理实践已经充分证明，充分体现广东特色的应急处置"四个一"工作机制，是可复制可推广的。

二、主要做法

近年来，广东省委、省政府全面贯彻落实习近平总书记关于防范化解重大风险重要指示批示精神，统筹发展和安全两件大事，牢牢把握深化党和国家机构改革的原则，切实落实"统一指挥、专常兼备、反应灵敏、上下联动"的应急管理体制，坚持"以人民为中心"理念，全力推进"两个坚持、三个转变"，坚决做到"三个宁可、三个不怕"（宁可信其有、不可信其无，宁可信其大、不可信其小，宁可听群众骂声、不可听群众哭声；不怕兴师动众、不怕劳民伤财、不怕十防九空），坚持标本兼治、关口前移、信息支撑和精准施策，敢于担当，大胆创新，先行示范，总结提出了应急处置"四个一"工作机制。以防范化解重大灾害事故为例，应急处置"四个一"工作机制形成了如下主要做法。

（一）建立一个由省领导亲自挂帅的指挥中心

建立"一个指挥中心"，意在落实"统一指挥、响应一盘棋"，贵在"迅速"，体现广东的"统筹和担当"。"一个指挥中心"是落实全国全省"一盘棋"应急响应机制的具体实现形式。在省的层面，就是省委、省政府的应急指挥中心，也是全省应急工作的总指挥部，整合了省有关部门的应急信息，形成了最全面、最系统的决策支撑系统。

第一，领导坐镇，建立应急工作"神经中枢"。广东在全国率先建立由省委书记、省长分别担任第一主任和主任的省级应急委，省、市、县三级应急管理部门全部完成党组改设党委，由党委和政府主要负责人共同担任主任的市、县、镇三级安委会"双主任"制实现全覆盖。应急指挥中心作为各级主要领导坐镇指挥、部署应急工作的"神经中枢"，通过统一的指挥平台，有效解决和避免了过去灾害面前多头指挥、多令并行、无法掌握执行和完成的情况，实现决策科学化、指挥扁平化、部门协同化。

第二，"融合"指挥，打通横向联通、纵向联动、个人联系。省应急指挥体系呈现出横、纵、人三者"融合"的特点。横向联通上，"应急指挥中心"与公安、水利、交通运输、气象、电网等多个部门、有关省（区、市）应急指挥中心，建立数据、视频、业务系统横向通道；纵向联动上，"应急指挥中心"上通应急管理部，下联穿市、县、镇三级，以应急指挥平台"一体化"建设打造"一盘棋"应急响应体系；个人联系上，通过"一键通""粤政易"等联系责任人并直通第一现场。比如江门市建设了"十五合一"应急指挥平台，实时呈现船舶定位、水库实时水位、地质灾害隐患等多项涉灾信息，就是成功实践之一。

第三，"三预"统一，实现事前预判、临灾预告、短临预警。实现"三预"统一，做好"事前预判、临灾预告、短临预警"，是应急指挥中心的重要工作。这其中，通过对监测的基础信息加以统计分析，及时会商研判，及早评估风险，做到科学"预判"；根据预判结果，对灾害风险的发展趋势、未来影响范围做出"预告"；"预警"，就是广泛开展应急响应前的动员，切实做好各项应急准备。"短临预警"是一种目前采用的"预警"方式。如在防御"龙舟水"气象灾害时，一旦发出短临预警后，各级应急指挥中心就要及时连线对接相关市、县、镇、村，督促落实防御措施，做到"预判重大雨情水情到哪里，调度指挥就到哪里，应急小分队就冲到哪里，工作检查就到哪里"。

（二）成立一个上级派出领导参与指导协助的前方指挥部

建立"一个前方指挥部"，意在落实"上下联动、属地管理为主"，贵在"快速"，体现广东的"站位和前线"。通常意义上，面对重大风险事件隐患的处置，"前方"就是"前线"，就是风险事件隐患的出现地、发生地。前方指挥部是指挥中心深入到一线、坐镇在前线的指挥棒，是指挥中心快速获取信息并做出中枢决策的桥梁。"一个前方指挥部"，是上级应急管理部门通过派出前方工作组，积极参与当地党委、政府指挥部工作。单一灾害事故，由分管厅领导带队前往现场指挥；长时间大范围的灾害事故，由分管应急支援的厅领导带队到一线指挥，卫星电话、无人机、指挥车、通信保障体系"四合一"同步就位、同时出动。

前方现场应急指挥机构的设置，是细化上位法的广东实践。《中华人民共和国突发事件应对法》第四条规定："国家建立统一领导、综合协调、分类管理、分级负责、属地管理为主的应急管理体制。"《广东省突发事件现场指挥官工作规范（试行）》第四条对此加以细化规定："突发事件发生后，负责牵头处置突发事件的县级以上人民政府或者专项应急指挥机构要按照《广东省突发事件现场指挥官制度实施办法（试行）》有关规定及相关应急预案立即启动现场指挥官机制，现场指挥官要第一时间赶赴突发事件现场。"第五条规定："突发事件发生后尚未指定现场指挥官的，最先带领处置力量到达现场的有关单位负责人临时履行现场指挥官职责，负责指挥在场救援队伍按照各自职责实施抢险救援，协调医护人员开展现场医疗救援、转运受伤人员，协调有关单位加强交通指挥和疏导、控制事件危险源、疏散转移群众等。"显然，兑现广东应急工作"一盘棋"理念，推动各级领导下沉一线、靠前指挥，成立以属地管理为主、有关领导带队前往参与的"前方指挥部"，既乃法制要求，于法有据，又乃化解所需，于防范有利。

在此基础上，广东的这些做法，又进一步丰富和完善了机制，体现广东的新创新：

第一，明确工作任务，履行前方应急指挥职责。设置前方应急指挥部，一是可以验证应急指挥中心的研判是否准确；二是派出的前方工作组可以参与、协同当地党委、政府指挥部工作，收集现场各方信息，及时向省应急指挥中心报告，并为当地党委、政府提供决策支持，强化对地方的支援。广东省在处置台风"山竹"、五月"龙舟水"等恶劣天气和高明山火灾害时，设置了以"统一领导、统一指挥、统一调度、统一协调"为原则的前方指挥部开展应急处置工作，效果显著。

第二，部署风险隐患排查，把握防御主动权。灾害来临之际，风险隐患排查工作是减轻灾害风险的一个重要环节。如针对即将登陆的台风"山竹"，全省采取"一市一策"的风险隐患排查方法，查清找准风险源，通过诸如提前疏通内河涌降低水位、清理下水井盖、预置排涝队伍和设备等工作，大大降低灾害损失。

第三，现场统一行动，协调各方密切配合。前方指挥部加大统筹协调力度，把握应灾的节点节奏，统一行动，步调一致，指挥应急救援力量第一时间赶赴现场救援，有力有效减轻灾害损失。

（三）搭建适应重大风险事件隐患特点的一套工作机制

建立"一套工作机制"，意在"专常兼备、反应灵敏"，贵在"高速"，体现广东的"高效与协调"。应急管理是一个涉及管理、法治、科技、知识、媒体、心理的综合性管理过程，是一项面对自然灾害、事故灾难、公共卫生事件和社会安全事件等不同类型风险局势的复杂驾驭技艺。为有效落实指挥中心和前方指挥部的决策，广东重点建立完善以下创新实施机制：

第一，高科技加持的监测预警机制。广东省通过高水平运用大数据、人工智能、云计算等数字技术，建设全覆盖、全领域、全方位、全过程的应急管理全域感知网络。全省各级防汛抗旱指挥机构通过实时关注红外云图、台风路径图、雷达回波图以及降雨和河道水情信息，研判灾害风险，划定风雨影响严重区域。便于自然资源、住建、交通、农业、水利、应急等有关职能部门结合预测预报情况对地质灾害、洪水、城乡内涝等次生灾害影响进行预判，提出各自行业领域台风灾害风险点，并制订有针对性的应对方案。又如 2021 年 2 月，由广东省应急管理厅牵头，省公安厅、交通运输厅、市场监管局、政数局联合建设的"两客一危一重货"①重点车辆智能监控预警融合平台正式上线，实时监控监督驾驶员驾驶行为，即时对其高危驾驶行为进行提醒。

第二，层级明了的自然灾害风险分级管控机制。自然灾害风险分级是开展自然灾害应急管理的一项基础性工作。自然灾害风险分级科学与否，直接影响自然灾害风险管控各环节能否顺利推进。广东坚持"一盘棋"的应急响应理念，坚持自然灾害"风险分级"与"分级响应"相匹配的原则，推进应急管控。例如针对 35 年一遇的台风"山竹"，广东省防讯防旱防风总指挥部紧急启动防台风Ⅰ级应急响应；面对 10 年一遇的山火，佛山市先后迅速启动森林火灾Ⅱ级、Ⅰ级应急响应；针对百年一遇的"龙舟水"，广州市黄埔区紧急启动Ⅰ级应急响应。

第三，效率快捷的即时会商研判机制。建立多部门多领域风险会商研判机制。根据风险早期识别和预报预警能力，第一时间组织会商核定和评估研判，做到闻"风"而动、精准施策。预警阶段及时主动组织多轮会商研判。加强季节性自然灾害规律分析研判以及汛期等重点时段风险研判。

第四，快速的灾害事故应急响应机制。健全完善全国全省"一盘棋"应急响应机制，灾害事故统一响应、分级响应、提级响应等应急响应制度，推进"全灾种"应急响应过程标准化、规

---

① "两客"指三类以上班线客车、从事旅游客运的包车；"一危"指危险货物运输车辆；"一重货"指重型货车。

范化。例如，强化"互联网＋监管"系统建设，更好满足应急处置需要。众所周知，应急管理压力大、风险大，应急决策往往存在时间紧、情况不明、信息有限、资源紧缺等问题，因此，快速处置则更要加强信息化技术、装备的配置和应用，推进智慧执法，推行行政执法 APP 掌上执法，切实探索推行以远程监管、移动监管、预警防控为特征的非现场监管，解决人少事多的难题。

第五，可持续性的应急法治保障机制。应急状态下，有序应急，依法不可少。始终坚持依法管理，运用法治思维和法治方式提高应急管理的法治化、规范化水平。国家层面正在系统梳理和修订应急管理相关法律法规的基础上，进一步研究制定应急管理、自然灾害防治、应急救援组织、国家消防救援人员、危险化学品安全等方面的法律法规，加强安全生产监管执法工作。广东也强化了应急管理立法工作实效，并不断走向深入。

第六，及时联动的军地应急机制。军队参与地方应急管理是推动军民深度融合、实现强国梦与强军梦统一的重要举措。在险情、灾情等特别紧急的情况下，通过健全完善军地应急联动机制、军地三方建立联络员制度以及建立健全三支队伍（消防、公安、武警）共训共练共建共战机制，有效实现军队与地方建立突发事件信息共享、灾情联合会商，增强对危机情景的共同感知，高效处置广东省内发生的各类风险事件隐患。

（四）实现风险事件隐患信息由一个窗口专门发布

建立"一个发布窗口"，意在践行响应"信息公开、为民便民"，贵在"急速"，体现广东的"规范和专业"。广东强调形成一个口径对外的信息传播模式，让风险事件隐患信息通过一个窗口专门发布，避免出现发送范围重叠、内容冲突等情况，也是落实应急响应"一盘棋"理念的一项重要举措。

第一，运用立法思维和方式实现信息发布的规范和统一。以前对于同一起自然灾害，不同部门的应急响应或预警信息，名称、级别不统一，给公众带来困惑。广东省着力解决这一问题，印发的《关于统一规范省自然灾害预警信息发布和启动（或结束）应急响应工作的通知》明确了由省应急管理厅统一发布应急响应信息，并按程序启动响应机制。规定预警信息需要经省应急管理厅审核后，由省突发事件预警信息中心对外发布。预警信息要对各类自然灾害应急响应的名称、级别进行整合，确保响应类型、级别和起止时间的一致性。

第二，第一时间进行全方位信息的收集与研判。充分依托大数据平台、信息化技术，加大感知网络覆盖面，第一时间会商、第一时间研判，提升多灾种和灾害链综合监测，建立收集信息、掌握信息、研判信息、发布信息的工作机制，提高风险早期识别和预报预警能力。

第三，第一时间统一发送预警信息和决策信息。牢牢掌握信息主导权，做到预警信息全域覆盖，防御指引实用有效，舆论引导管控到位。重点是，把灾害的动态讲清楚，把防御的常识说明白，把抗灾的行动宣传好。在台风、"龙舟水"、山火等自然灾害防治方面，健全完善贯穿预防、预报、预警、救援等阶段的应变机制，做好组织、协调、监督、指导等工作，统一发出指令。省应急管理厅建成基于24个部门57个方面的应急管理大数据平台。特别是牵头搭建"两客一危一重货"重点车辆智能监控预警融合平台，接入广东省2.98万辆"两客"、1.98万辆"一危"智能监控视频数据，接入省内外在粤运营的76万辆重点车辆定位数据，接入4.95万辆"两客一危一重货"车辆智能监控视频数据，落实专人日夜值守，通过"粤商通"即时向运输企业推送预警信息，通过"粤政易"定期与公安交警、交通运输部门共享研判信息，及时纠正疲劳驾驶、违停、超速、闯禁等不安全驾驶行为，解决了多年想解决而没有解决的大难题，实现了对重点车辆的实时化、可视化、智能化监测预警。

第四，第一时间统一召开新闻发布会，切实有效释放预防活力。重大信息发布，要依法实施，要在谨慎公开与及时公开之间找平衡的"门槛"。一方面，回应舆情，须突出针对性，做到民有所呼、官有所应；另一方面，新闻发布，现场解疑释惑，引导社会舆论，不能答非所问、言不及义。2020 年，省应急管理厅通过三大运营商向全省公众发送突发预警全网短信共 31 期 41.6 亿条。这其中，在疫情防控的关键阶段，共发布涉疫情防控预警信息共 7 期 7.2007 亿条。此外，省应急管理厅短时临近预警，作用显著。通过全省统一的应急值班系统提前将未来 1 小时降雨超 50 毫米的预报预警信息靶向发布至镇、村，为及时转移人员和精准防御应对提供了重要支撑。

三、经验启示

应急处置"四个一"工作机制之所以能成为一个值得研究借鉴的典型案例和实践范本，是因为它在机制的设计过程中，符合"统筹发展和安全、建设平安中国"的安全理念，能够充分发挥党对重大工作的集中统一领导，充分贯彻了"以人为本"的价值导向，突出了系统观念，强化了法治思维，重视了信息建设，提升了应急处突能力，让机制运行的科学性和有效性在地方应急处突能力的实现和提升上有了较高的展现。这些有益经验，值得推广借鉴。

（一）坚持开新风、带好头，深化应急体制机制改革

习近平总书记亲自设计新时代应急管理体制改革，要求构建统一领导、权责一致、权威高效的国家应急能力体系，推动形成统一指挥、专常兼备、反应灵敏、上下联动的中国特色应急管理体制。广东坚定不移深化应急管理体制改革。成立由省委书记李希、省长马兴瑞分别担任第一主任和主任的省应急委，统筹四类突发事件的防范与应对。强调要处理好"统"与"分"的关系，衔接好"防"和"救"的责任链条。2020 年，广东遭遇近 15 年来最强"龙舟水"，各地充分发挥新体制新优势，全力以赴做好防范工作，全省没有发生群死群伤事故，灾害损失降到了最低。广东实践充分表明，应急管理改革的系统性、整体性、协同性不断凸显，应急管理部门的权威性、协调性、战斗力不断增强。应急管理部门在灾害事故面前就是底线，是退无可退的，宁可抓重、不可抓漏，宁可跨前一步形成重叠、不能退后一步形成缝隙。

（二）坚持动真格、见真章，树牢底线思维和系统观

习近平总书记强调，增强忧患意识、防范风险挑战要一以贯之。防范化解重大风险是各级党委、政府和领导干部的政治职责。要坚持底线思维，以大概率思维应对小概率事件，坚持预防为主，真正把问题解决在萌芽之时、成灾之前。省委、省政府坚决扛起政治责任。省委书记李希、省长马兴瑞逢会必讲安全，每逢重大节日、重要节点都亲自部署安全防范工作。省委书记李希创新性提出并实施全国全省"一盘棋"应急响应机制和应急处置"四个一"工作机制，为防范化解风险事件隐患提供了科学方法。广东实践充分表明，防范化解重大风险，最根本的是学好用好习近平总书记教给的方法，树牢底线思维，以大概率思维应对小概率事件，宁可信其有、不可信其无，宁可信其大、不可信其小，宁可

备而不用、不可用时无备；要运用系统方法，善于透过现象看本质、分析历史见未来、捕捉弱信号背后的强信息，避免就事论事、"头痛医头、脚痛医脚"。

（三）坚持出实招、求实效，加强应急管理信息化建设

习近平总书记强调，要依靠科技提高应急管理的科学化、专业化、智能化、精细化水平。要适应科技信息化发展大势，以信息化推进应急管理现代化。广东充分发挥"数字政府"的改革优势，建立健全联合创新机制，高标准建成应急指挥中心，统一接入 24 个部门 57 个业务系统，有效治理 2.4 亿条业务核心数据，实现监测预警"一张图"、指挥协同"一体化"、应急联动"一键通"；高标准开展科技联合创新，将融合指挥、应急通信、全域感知、短临预警、数据智能"五大难题"变为"五大优势"；高标准推进建设"一网统管"，聚焦发展态势、安全态势、应急态势、统筹趋势，推进建设广东省统筹发展和安全应急管理指挥中心，实现"一屏观全域、一网管全省"。广东实践充分表明，没有科技信息化就没有应急管理现代化。

（四）坚持冲得上、打得赢，锻造善打硬仗的应急队伍

习近平总书记指出，应急管理部门全年 365 天、每天 24 小时都应急值守，随时可能面对极端情况和生死考验。应急救援队伍全体指战员要做到对党忠诚、纪律严明、赴汤蹈火、竭诚为民，成为党和人民信得过的力量。广东各级应急管理队伍始终把习近平总书记重要训词精神作为统领队伍建设的"魂"和"纲"，心向党中央、心系老百姓、心在工作上、干在状态中，以实际行动诠释对党的忠诚、对人民的赤诚。在一系列政治大考、能力大考、作风大考中，广东应急管理队伍经受住了考验、取得了工作成效。广东实践充分表明，应急管理队伍是关键时刻拉得出、冲得上、靠得住、打得赢的队伍。精神面貌是武装出来的，队伍是带出来的，战斗力是干出来的，形象是一仗一仗打出来的。

【思考题】

1. 结合工作实际，谈谈您对应急处置"四个一"工作机制的把握、运用和思考？

2. 广东省应急管理厅提出，把"智慧应急"作为"一把手"工程，以信息化推进应急管理现代化。结合工作实际，谈谈您对此的认识。

3. 结合工作实际，就当前重大风险事件隐患的处置状况而言，要提升应急处突能力，正面临哪些难点、考验？又存在什么的机遇和对策？